JN412376

마가복음

전남 방언

임의진 옮김

대한기독교서회

마가복음 전남 방언

2025년 9월 30일 초판 1쇄

옮긴이 임의진
펴낸이 서진한
펴낸곳 대한기독교서회

등록 1967년 8월 26일 제1967-000002호
주소 서울시 강남구 테헤란로103길 14(삼성동)
전화 출판국 02-553-0873~4, 영업국 02-553-3343
팩스 출판국 02-3453-1639, 영업국 02-555-7721
e-mail editor@clsk.org
https://www.clsk.org
facebook.com/clskbooks
instagram.com/clsk1890

책번호 2403
ISBN 978-89-511-2183-8 03230

* 책값은 뒤표지에 있습니다.

하늘을 타갠 사람들의 말씀 끄니

짧지 않은 세월 여기 남녘땅에 주소지를 두고 삽니다.

시민도 아니고 읍민도 아닌, 이날 평생 면민올시다.

전남 해남이 고향인 아버지 목사님, 그리고 장흥 땅, 궁게로 이곳에선 '자웅'이라고 불리는 장흥이 탯자리인 어머니에게서 전남 방언을 배웠습니다.

친구들과 혈육들, 이웃들을 통해 전남 방언을 익혔고 어디서 누가 요쪽 방언으로 말하면 솔깃해져 귀를 모으죠.

내 고향의 말법이니 자연히, 그리고 당연히 그래집디다.

청년기에 서울에서 잠시 살 때는 표준말을 구사하려고 무던 애썼지요.

그런데 표준말이라는 게 수도권, 서울경기 방언의 제패와 독점일 뿐이지요.

평소 세계 전역의 다양한 언어권 대중음악을 소개하고

가르치는 '월드뮤직' 선생 일도 보고 지내는데, 그도 '글말'의 다양성에서 꽃피는 평화로운 지구촌과 자치 문화의 융성, 제 나름 오랜 기도 제목이랍니다.

온 천지사방 말과 노래로 일깨워주시고, 귀한 방언과 뜻을 일러주신 스승님들께, 그리고 요런 책도 나올 수 있구나 도와주신 모든 분들께 이 자리를 빌려 비나리손 모으며 감사 인사를 올립니다.

갈릴리 예수님! 저와 함께 서럽고 고된 인생길, 허허롭게 웃음서 동행해주심을 잘 압니다.

먼사 모르고 뛰어든 이 풍진 길, 이 뜨건 황톳길, 항꾸네 걸으며 쩌렁쩌렁한 당신 이야기를 길동무들과 나눔하고자 합니다.

하늘을 타갠 사람들의 말씀 끄니, 곱씹어 잡수시길 빕니다.

2025년 한핀짝 수북면 회선재에서

어깨춤 **임의진**

마가복음을 전남 방언으로 읽어본다

재주꾼 임의진 목사가 『공동번역 성서』(1977) 마가복음을 전라도(특히 전남) 사투리로 읽는 것을 시도했다. 표준어 정책의 큰 공헌에도 불구하고 사투리가 사라져가는 것을 아쉬워하는 이들이 적지 않다. 사투리는 단순하게는 한 지방의 말씨일 뿐 아니라, 그 말과 관련된 그 지역 고유의 문화이자 역사와 정체성이 담긴 문화적 자산이다.

같은 성경 본문이라도 어떤 번역으로 읽는가에 따라 소통의 질이 다르다. 한문(漢文) 번역으로, 선한문(鮮漢文) 번역으로, 한글전용으로 읽을 때 또 한글전용 번역이라도 문어체 번역과 구어체 번역으로 읽을 때 각각 독자들의 느낌이나 소통의 정도가 다를 것이다. 우리 민족이 기독교와 만난 19세기의 성경은 한문 성경이었다. 1882년부터 중국 선양[심양(瀋陽)]에서 조선 선교를 위해 언문(諺文)

전용 신약 낱권이 번역되기 시작했다. 1887년에 신약이 완역되기 전까지 우리는 한문 성경이나 한문 본문에 이두식 토를 단 현토(懸吐) 성경을 읽었다. 그 다음 한문 성경을 우리말로 번역한 언해(諺解) 성경을 읽었고, 1911년에 우리말 성경이 완역되어 나왔는데 독자에 따라서는 한문의 도움 없이 이해하기 어렵다고 하여, 1920년대에 한때 "하나님이 世上을 愛하샤 獨生子를 賜하셨으니"와 같은 선한문역(鮮漢文譯)이 나와 한 세대 정도 보급된 적이 있다. 1930년대부터 간이국한문(簡易國漢文)과 국문 전용이 함께 읽혔으며, 1956년에 이르러 우리말 성경이 표준말로 쓰여 표기가 비로소 '한글맞춤법통일안'에 따라 정리되면서 『성경전서 개역한글판』이 나왔고 이후 여러 가지 표준말 번역이 나왔다.

아직 우리나라에서 사투리 번역이 공식적으로 완역된 바는 없다. 1980년대에 제주 방언으로 마가복음이 번역된 바 있고, 한글 표준어 규정이 아직 없을 때 중국 선양에서 번역 출판된 최초의 우리말 신약 번역인 『예수셩교젼셔』(1887)에는 서북 방언이 짙게 배어 있다. 예를 들어 마가복음 1장 23-26절의 전남 방언과 서북 방언을 비교해본다.

전남 방언

23 마침 회당에 드런 구신 들린 사램이 있어가꼬 큰 소
리로

24 "나자렛 예수씨. 지들이 지비랑 뭔노므 상관이 있단

말씀이다요. 지들을 싹 뒈지게 맹글라고 요라고 덥석 오셔부렀소? 나는 말이여라, 지비가 뉘신지 폴새 안당게라. 하눌님이 밸라도 애끼는 자제분 아니싱게라."

25 예수께서 콰간 꾸짖어 말씀하셨재.

"아야, 주딩이 닥치고 그 사램한테서 존말 할 때 나오그라."

하싱게로

26 드런 구신이 그 빙자 몸으로 버럭지 맹키로 사지를 뒤틀듬마 소락떼기를 질러댔재. 결과적으로다가 몸띵이에서 구신이 쑥 나가드랑게.

서북 방언

23 회당에 더러운 귀신 품은 사람이 이서 불너 갈오되
24 나살앳 예수야 우리 너로 더부러 어드러기네 와셔
우리랄 망하나뇨 내가 너랄 뉜줄 알아난거시 하나님
의 셩하난 쟈라 하니 25 예수 책망하여 갈오샤대 입
닷고 나오라 하매 26 더러운 귀신이 그 사람알 지랄
케 하며 큰 소래랄 불우제기고 나오니

임의진 목사의 『마가복음 전남 방언』은 역자가 밝혔듯이 『공동번역』(1977)과 『개역개정판』(1998)을 대본으로 삼아 전라남도 방언으로 풀어낸 것이다. 매 쪽 하단에 방언사전을 달아주어 독자의 독해를 돕고 있다. 『마가복음 전남 방언』을 숙독하는 독자는 자신도 모르는 사이에 전남

방언에 익숙해질 것이다. 이는 바로 방언 번역이 지닌 문화적 공헌이다.

전남 방언으로 된 성경을 통해 더욱 친근하게 성경에 접근할 수 있었던 독자들이 다음 단계로 표준어로 번역된 문어체 번역이나 구어체 번역으로까지 독경(讀經)의 폭을 넓힌다면, 다양한 번역을 읽고 여러 번역을 비교하여 읽는 동안에 성경 본문이 지닌 문제를 알게 되며, 번역마다 그러한 문제를 어떻게 해결하는지도 알게 될 것이다. 지배적 번역, 유일한 번역은 없다. 여러 번역을 비교해 읽으면서 성경 본문의 세계에 접근할 수 있기를 바란다. 전남 방언 마가복음 번역이 독자들을 성경으로 안내하는 길잡이 구실을 할 수도 있다.

때로는 『공동번역』과 『개역개정판』을 뛰어넘는 놀라운 상상력 또한 전남 방언 번역을 읽으면서 발견하게 된다. 예수께서 제자들에게 존댓말로 말씀하시는 것은 바람직하다. 그러나 제자들을 "여보시오, 성님(형님) 동상님덜"이라고 부르시는 것은, 전혀 기대하지 못했다. 한 언어에서 가장 많은 번역본, 무려 450여 번역본을 가지고 있는 영어 번역에서도 찾아보기 어려울 것 같다. "예말이오, 성님 동상님덜. 인자부텀 온 천하에 댕김서 몽조리 만나는 사램들마다 그간 알캐드린 복음을 전하셔야 쓰겄소."(『마가복음 전남 방언』 16:15) 예수께서 제자들에게 존댓말을 쓴다는 것도 전통적인 번역과 달라 예사롭지 않지만, 제자 중에 당신보다 연배가 높은 제자가 있었을 가능성을 고려

하여 예수께서 그들 혹은 그를 '성님'이라고 불렀을 현실을 가정하는 번역자의 상상력도 놀랍다. 손윗사람을 '성님'이라 부르고 손아랫사람을 '동상님'이라고 부르는 전라도의 친근한 사교(社交) 문화를 태생적으로 타고난 번역자가 아니라면 이러한 번역은 생각하기 어려운 시도이다. 예수의 제자 중에 안드레나 베드로의 경우 종종 예수보다 나이가 많았을 가능성이 논의되기는 했다. 마태복음 17장 24-27절에 만 20세 이상의 유대인 남성이 내는 성전세를 예수와 베드로만 납부한 일이라든지, 형제인 베드로와 안드레 가운데 누가 형이고 누가 동생인지는 명확하지 않으나 만일 안드레가 형이라면 안드레 역시 예수보다 손위일 수 있다.

이 물음에 대해 임 목사가 보내온 답신:

선생님! 사실 지방 어디라도 그러하나, 전라도에선 유독 친밀감을 높이기 위해 이른바 '민증 까기'로 나이를 알아보는 일부터 만남이 시작돼요. 일단 전라도에선 나이가 한 살이라도 높으면 깍듯하게 성님(형님)으로 모십니다. 그렇다고 아우에겐 여지없이 하대만 하는 것도 아닙니다. 모든 이에게 존중을 몸소 보여준 예수의 삶을 전라도에 대입하면 존칭어 사용이 기본이었음은 물론입니다. J. 그닐카는 마가복음 주석서에서 예수와 제자 간의 대면과 동행을 설명하며 이를 동반자 선교(Kollegiat mission)라 칭했지요. 상호 존중하는 중에도 주도권을 쥔, 카리스마 넘치는 메시아 예수가 제자들을 대할 때 자유롭게 말법을 쓰셨겠지요. 베드로 형씨에게 '사탄아!' 하고 꾸짖으실 때도 있었지만 한 집 건너 다 아는 가까운 처지들, 전라도 문화권에선 먼저 먹은 밥그릇을 헤아려 보고 '성님' 하면서 인간 대접을 '입서리'(입술)에서부터 실천합니다. 이를 충분히 반영한 '옮김'입니다.

민영진 전 대한성서공회 총무

| 추천의 글 |

다디달고 구성진 판소리 마가복음

사복음서(마태복음, 마가복음, 누가복음, 요한복음) 가운데 가장 최초로 쓰인 마가복음을 어쩌면 가장 늦은 옮김본일지도 모를 '전남 방언'으로 읽게 되니 놀랍고 또 흥미진진합니다. 대개 사투리를 차별하여 내버리며 개그적 코드로만 사용들 하는데, 민초들이 쓰는 지방 방언은 사실 가장 진솔하고 진실한 현장 언어가 아닐까 싶습니다. '땅끝까지 이르러 복음을 전하라' 하셨는데, 바로 그 땅끝에 지금 서 있는 묘한 기분이 듭니다.

과거 우리 복음교단에서 총회장을 역임하신 전병호 목사님께서 제주복음교회 담임목사로 계실 때 제주대학교 및 제주복음신학교 강의로 지역사회와 활발한 교류를 하셨는데, 당시 진성기 선생(제주향토사학자)과 깊은 친교가 있으셨고 그분의 저술로 『(제주방언성경) 마가복음』(보이스사, 1981)을 앞서 펴낸 사례가 있었습니다.

한편 우리말 한글과 지방 방언을 특별히 아끼고 사랑한 연세대학교 신학대학원장을 지낸 지동식 전 총회장님을 비롯해 우리 복음교단은 예부터 '한국인 자신의 짓과 멋과 선과 음으로' 자생하는 일, 또 '복음동지회'를 통한 성서번역 일에 마음을 기울여 왔고 그 결실이 쉬운 우리말로 된 『공동번역 성서』였습니다. 최근까지 연세대학교 신학대학원에 오래 계셨던 이양호 총회장님도 우리말 사용과 민족혼 살리기에 적극적이셨습니다.

지역 방언은 질펀한 민중의 언어로써, 기층어가 소멸되지 않을 때에야만 우리 사회가 보다 다양하고 생기있게 융성하리라 여겨집니다. 민족교회를 표방한 우리 복음교회가 발 벗고 앞장서야 할 일이 아닐 수 없습니다.

올해가 마침 교단 창립 90주년입니다. 교회 안보다 오히려 바깥에서 작가로 널리 알려져 사랑받고 계시는 저자 임의진 목사님은 우리 교단의 90주년 총무로 불철주야 봉사하심도 모자라 이렇게 귀한 『마가복음 전남 방언』까지 마련해 주셨습니다. 노고에 깊이 감사드립니다. 마치 참으로 다디달고 구성진 남도 판소리를 듣는 것만 같습니다.

윤창섭 기독교대한복음교회 총회장
전 한국기독교교회협의회(NCCK) 100주년 대표회장

그래, 임의진답다.
사투리로 들려주는 복음서라니

이 책을 처음 소개받았을 때 제가 잘못 들은 줄 알았습니다. '뭐? 성경을 전라도 사투리로 썼다고? 허 참~ 좀 불경스러운거 아냐?' 이런 생각이 들다가 곧바로 '그래~ 지극히 임의진스럽네.'라고 받아들였습니다.

제가 아는 임의진 목사는 그런 사람입니다. 1990년대였나? 임의진 목사가 남녘교회를 목회할 때로 기억됩니다. 기자로서 취재원인 그를 처음 봤을 때—누구나 그렇게 느꼈으리라고 생각하는데—범상치 않아 보였습니다. 제가 취재했던 수많은 목사와는 사뭇 달랐습니다. 목회에는 별 뜻이 없어 보였고 노래하고 그림도 그리고 엉뚱한 글을 끄적이는 그야말로 자유인이었습니다. 별종이랄까요.

그런데 그런 그가 참 마음에 들었습니다. 어느새 기자 직업근성은 무너지고 그의 엉뚱한 글과 말에, 그림에 쏙

빠져들었습니다. 그리고 그 속에 담긴 진정성과 자유함, 한국교회를 향한 안타까움, 낮은 자의 진솔함이 감동으로 와닿았습니다. 그래서 쉽게 친해진 기억이 납니다. 통했던 거죠. 방송에도 여러 번 초대한 기억이 나는데, 그러고는 오랫동안 보지 못하고 살았습니다. 그래도 제 마음 속에서 임의진 목사는 언제나 든든한 친구였습니다.

그를 다시 만난 건 경향신문 지면을 통해서였습니다. 여전히 글을 쓰고 삽화까지… 그리고 세상의 모든 노래들을 얘기하더군요. 그다운 멋이 담겨 있어 지금도 잘 읽고 있습니다. 그런데 그를 직접 만났을 때는 좀 놀랐습니다. 엉뚱하게도 제도권 교회의 상징인 공교단의 총무로 나타난 것입니다. 자유로운 영혼인 그와 어울리지 않아 보였는데, 그의 마음에 담긴 교회 변혁의 진정성을 알기에 어쩌면 그다운 선택이라 여겨졌습니다. 그리고 이번에 뜬금없이 『마가복음 전남 방언』으로 또 만나게 됐습니다. 솔직히 교단 총무보다는 덜(?) 놀랐습니다. 그다운 발상이니까요.

성경을 전라도 사투리로 옮긴다는 것 자체가 그답습니다. 그 몸과 마음에, 그의 말에 푹 젖어있는 전라도 내음이 말씀 속에 녹아있더군요. 마가복음을 읽는 동안 임의진 목사의 안경 너머에 있는 천진한 눈망울이 아른거렸습니다. 순박하게 웃는 표정도 겹쳐졌습니다. 그가 구수하게 얘기해주듯 성경 말씀이 정겹고 즐거웠습니다. 남들은 사투리를 숨기려고 애쓰는데, 그것으로 경전을 옮기다니,

참 임의진스럽다 여겼습니다.

멋지고 재미난 기획입니다. 발칙한 발상입니다. 전라남도 방언으로 쓰여진 마가복음 말씀을 한번 읽어보시죠. 제가 느낀 그 감동과 재미를 함께 누려보시길 적극 추천드립니다.

나이영 기독교방송(CBS) 사장

참 오지고 게미지고,
볼수록 귄있는 고향말의 향연

"시상에 이라고나 쉬랍고 이무로운 성경 말씀이 워디 있을께라. 기냥 말흐대끼 입에서 술술 풀림서 귀에도 보드랍게 착착 달라붙고, 가슴팍에 포옥 앵기고만이라. 워치코롬 다정시롭고 따순지 카만히 듣고 있으문 맴속에 거시기혼 것이 암껏도 업께끄름 싹 풀어분당께라. 항끈에 앙거갖고 돌아감서 소락떼기를 지름서 읽어불문 차말로 재미지것당께. 예수님을 '슨상님'이라고 불릉께 첨엔 거시기흐등마 뎁데로 가찹게 느껴짐서 무장무장 좋아지드랑께. 항! 우덜 맴을 따둑따둑 뚜드러 주대끼 위로를 주신께로 새록새록 지픈 정이 들고."

예수의 말씀이 마침내 순정한 민중의 언어로 내려앉았다.

임의진 목사의 전남 방언으로 쓴 마가복음을 읽는 내내 오목가슴이 찡하고 뭉클해졌다.

이토록 소박하고 푸진 백성의 언어로 옮겨진 성경이 있을까? 비로소 사람의 아들로 오신 나자렛 예수의 이야기가 골골 섬섬 삶터에서 펄펄 살아 숨 쉬는 입말로 되살아났다.

온 나라가 깊은 시름에 젖어 있는 시절, 복음(福音)이라는 말뜻 그대로 정녕 '기쁜 소식'으로 다가온다. 참 오지고 게미지고, 볼수록 귄있는 고향말의 향연이다.

임의진은 오랫동안 시골 할매할배들과 눈을 맞춰 온 다정한 목회자이다. '직녀에게'를 찬송가로 부르던 강진 남녘교회를 떠나 글 쓰고 그림 그리며 종횡무진 예술가로 지내면서, 다채롭고 이례적인 궤적을 보여왔다. 여기 오늘 펼쳐진 마가복음으로, 자유로운 영혼의 인간이자 신을 대리하는 성직자의 정체성이 투영된 흥미진진한 이야기를 보탠 셈이다.

"지비들은 하늘님의 계명은 헌신짝처럼 땡개불고 사램의 계명만을 고집하고 있잖소."(『마가복음 전남 방언』 7:8)

예수가 바리사이파 사람들과 율법학자를 질타하는 대목에서 마가복음을 방언으로 옮겨낸 이의 마음을 읽는다. 예수의 생애를 기록한 복음서의 갈피마다 이천 년을 훌쩍 건너뛰어 우리 시대를 향하는 불변의 진리에 소스라친다. 우리의 영혼을 뒤흔드는 복음이 기실 어머니의 뱃속에서부터 들었던 탯말에 실려 오는 울림이라니.

민중의 언어로 다가오는 마가복음은 신의 아들 예수를 세속의 한복판으로 잡아끌고 있는 듯하다. 사람의 몸으로 오신 구세주의 참뜻을 일깨운다.

<워넌히/자망허다/꼴짝하다/미련반펭이/오구감탕시럽다/막캥이질/감푸다/불촉스럽다/졸갑시롭다/매랍시/뻰뻐드름하다/재끼재끼/생똥빠지다/앵꼴지다/몰뚝잖다/새릅박/여수다/뎁떼꼬깔/뚜떼하다/에돌와허다….>

그가 붙인 낱말 풀이는 오롯이 방언 사전이다. 소멸 위기의 토속어, 반드시 대물림해야 할 귀한 문화유산이다. 그는 꾸꿈스런 고향말까지 찾아내 새로이 복음을 엮었다. 지독한 슬픔을 딛고 이뤄낸 쾌거가 복음을 누릴 독자는 물론 스스로에게도 위안이 되기를 바라본다.

임의진의 『마가복음 전남 방언』이 예배당 안팎에서 화제가 되면 좋겠다. 할매할배들이 이러쿵저러쿵 참견하는 즐거운 상상을 해본다. 그 말로 부대끼며 살아가는 민중이 바로 원어민이기 때문이다.

임의진의 마가복음을 열면 고향말의 보물창고가 열린다. 책장을 넘길 때마다 밤하늘의 은하수처럼 빛나는 전라도 입말들이 쏟아진다.

황풍년 월간 「전라도닷컴」 발행인

| 차례 |

| 일러두기 |

1. 『공동번역성서』, 『개역개정 성경』을 전라남도 방언으로 풀어냈으며, 전 연령층(특히 노년층 사용)을 염두해 저자의 기억 속 오래된 말과 요새 사용하는 말까지 폭넓은 방언을 담았다. 그러면서도 읽기 쉽게, 가령 '제자덜얼'과 같은 입말을 '제자들을'로, '~믄'도 '~면'으로 하는 등 표준어 표기법에 따랐다. 지명과 인명은 공동번역판으로 통일했다. '하느님/하나님'은 보통 남도 섬마을에서 입말로 쓰는 '하눌님'(=하날님)으로 표기했다.
2. 낯선 방언 어휘를 이해하는 데 도움을 주고자 각 쪽 하단에 낱말 풀이를 실었다.
3. 예수께서 사용하신 아람어는 갈릴리 지방의 변방 사투리 용어인데, 본문에도 언급되지만 따로 우리말로 표기했다. 유독 마가복음이 이를 강조했기에 역자도 같이 표기했다.
4. 어떤 옮김의 경우에는 "요거슨 홍어 거시기만한(매우 작다는 뜻) 재난의 시작일 뿐이당게라."(13장 8절)와 같이 전라도 특유의 해학적 표현을 담기도 했다.
5. '옴모메, 오메메, 옴메메, 엄메메, 와따메, 웜마, 음마' 등 같은 의미의 말을 때에 따라 다르게 풀었다. 또한 조금 강하게 표현하고자 할 경우에는 '차말로-참말로', '기연시-기연치' 등으로 글맛에 맞추어 옮겼다.

외양간의 아기 예수

1장

세례자 요한의 선포

1 하늘님 아들 예수 그리스도의 오지게 복된 말씀은 요
래 시작이 되었재라.
2 예언자 이사야가 적은 글을 볼작시면 '인자 나가 나의
일꾼을 지비보다 몬츰 보낼틴디 비민히 그가 지비들
나댕길 질을 닦아주실 거시구마.' 또 그라고,
3 "한핀짝에 어그데하게 소리를 지르는 양반이 있었재.
'지비들은 주의 질을 잘 닦아야 쓰꺼시여. 그 양반이 오
실 질을 쫙- 하니 빤닷하게 팰치고 말이여~.' 요러케잉."
성서에 적어진 예언과 비섯허게
4 세례자 요한이 한핀짝에 나타남서 불쑥 볼가졌는디,
"지비들은 싸게싸게 죄를 회개하씨오. 그래야재 깨깟
하게 죄가 씨쳐질 거신디 몬츰 세례부터 받아야 쓰꺼
시요."
아이사까 세례 선포를 헝게로,
5 저만츰 유대 지방과 예루살렘 사램덜이 깨금박질로

오지다 풍성하다 **요래** 이렇게 **인자** 이제 **몬츰** 먼저 **비민히** 어련히 **지비** 당신, 그대 **질** 길 **한핀짝** 광야, 외곽, 변두리 **어그데하다** 크다 **양반** 사내를 높여 부르는 옛말(신분 계급과 상관없이 민간에서 사용) **비섯허다** 비슷하다 **볼가지다** 튀어나오다, 나타나다 **싸게싸게** 빨리, 서둘러 **깨깟하다** 깨끗하다 **씨쳐불다** 씻다 **아이사까** 아니나 다를까, 그렇게 믿고

달려와 그간 씨석씨석 지은 죄를 실토하고, 요르단강
에 몸떵이를 담거가꼬 아조 개안하게 세례까지 받아
불더랑게.
6 요한은 낙타터럭으로 맹근 웃옷을 걸침서 허리엔 까죽
으로 맹근 띠를 두르고, 며뚜기와 들꿀을 퍼묵고 지냈재.
7 그가 뗄삭 큰 소락떼기로 전파하기를,
"인자 보드랑게요. 나보다 월등히 능력이 허벌나신 양
반이 뒤로 오실틴디, 나는 그 양반 신발짝의 끈을 푸
는 거시기도 엄두가 안 난당게라.
8 나는 지비들에게 물로 세례를 주재만, 들쌕임서 뒤로
오실 양반은 지비들한테 성령으로 세례를 베푸실 거
시구만이라."

세례를 받으신 예수

9 그때에 예수께서 갈릴리 나자렛에서 요한을 볼참으로
새릅박을 나선 김에 요르단강까지 잽지게 가셔가꼬
세례를 받아부렀재.
10 냉큼 물 우게로 올라옹게 하늘이 쩍 갈라짐서 성령이

저만츰 저만치, 저만큼 **사램덜** 사람들 **깨금박질** 앙감발, 마음이 바쁜 나머지 발을 세우는 **씨석씨석** 조금씩 **아조** 아주 **개안하다** 개운하다, 정상이다 **터럭** 털 **까죽** 가죽 **뗄삭** 매우, 아주 **소락떼기** 소리 **거시기** 무언가를 말하려 할 때 뭉뚱그려 쓰는 말 **새릅박** 대문 밖 **잽지다** 잽싸다 **냉큼** 곧, 곧바로 **우게** 위에

세례를 받으시다

빼둘구 맹키로 저에게 내려오심을 보셨재.
11 하늘로부터 굉기한 소리가 엉거르게 들리더라고.
"아야, 니는 나가 젤로 사랑하는 아들잉게 나가 아조
겁나게 흡족해부러야."
하시드랑게.

한핀짝에서 받으신 유혹

12 그라듬마 성령이 금메 예수를 한핀짝으로 몰고 가시
드라고.
13 한핀짝에서 사십 일을 온이 지내셨는디 사탄 눔의 작
것한테 질분질분 시험을 받으셨재. 글고 나서 들짐상
들이랑 지내셨는디, 천사들이 무자게 깝박하니 몸을
낮춤서 주를 공경하듬마.

갈릴리 전도 시작

14 요한이 딸싹 못하게 체포 구금된 자망헌 때, 예수께서
갈릴리로 나아가 하늘님의 복음을 전하셨재.
15 "때가 무르익듬마 결론적으로 하늘님 나라가 시방 와

빼둘구 비둘기 **맹키로** ~처럼 **굉기하다** 우연히 발생한 일이 기이하다, 공교롭다 **엉거르다** 으르렁거리다 **아야** 이보시오 **젤** 제일, 가장 **금메** 글쎄, 그러니까 **온이** 온전히 **질분질분** 집적집적하다 **들짐상** 들짐승 **무자게** 무지하게, 많다 **깝박** 납작 **딸싹 못하다** 움직이지 못하다 **자망허다** 놀라 기절할 지경이다 **시방** 지금

부렀소. 싸게싸게 회개들 해불고 이 복음을 야물딱시
롭게 지피 믿으씨오."
하셨재.

첫 번찌로 부르심을 받은 어부 네 사램

16 갈릴리 호숫가 신작로를 볼브고 가시는디, 시몬과 그
성제 안드레아가 호수에다 그물을 쳐볼 요량으로 얼
찐대듬마. 그들은 물괴기를 잡는 어부들이었재.
17 예수께서 옹공스럽게 이르셨재.
"아따메 수고가 많으시요이. 거시기 인자부텀 저를 따
라댕기셔야 쓰겄소. 지비들을 물괴기가 아니라 사램
을 낚는 찐한 어부가 되게 해드릴텡게."
하싱게로
18 그 시로 단박에 그물을 땡개불고 질을 따라 나서듬마.
19 째깐 더 가시다가 제베대오의 아들 야고보와 그 성제
인 아우 요한을 보았재. 그들도 괴깃배가 있어 그물코
를 만지작대고 있었담말시.
20 제자를 삼아 부르싱게로 그 아부지 제베대오와 품삯
꾼들이 있던 자리를 기냥 박차듬마 예수를 따라 질을
나서부렀재.

짚다 깊다 **볼브다/봅다** 밟다, 걷다, 뒤를 쫓다, 괴롭히다 **성제** 형제 **얼찐대다** 얼씬거리다 **물괴기** 물고기, 생선 **옹공스럽다** 다정스럽다 **찐하다** 진짜, 진한 **그 시로** 그때 **땡개불다** 던져버리다

구신 들린 사램을 고치신 예수

21 그들 예수 일행이 가파르나움 동네로 우- 하니 몰려
갔는디, 예수께서 안식일에 회당엘 들어가시어 왁자지
근하게 일장 연설을 하싱게로
22 거가 섰던 양반들이 말씀하시는 갈침에 놀라 턱주구
리가 빠질 지경이었재.
"오메 자다가 봉창 뜯는 소리만 입때껏 듣다가 요라
고 찰지게 갈치시는 말씀을 들으니 아조 율법학자들
하고는 딴판으로 권위가 있으신 양반이요."
함시롱 수군들 댔재.
23 마침 회당에 드런 구신 들린 사램이 있어가꼬 큰 소리로
24 "나자렛 예수씨. 지들이 지비랑 뭔노므 상관이 있단
말씀이다요. 지들을 싹 뒈지게 맹글라고 요라고 덥석
오셔부렀소? 나는 말이여라, 지비가 뉘신지 폴새 안당
게라. 하눌님이 밸라도 애끼는 자제분 아니싱게라."
25 예수께서 콱간 꾸짖어 말씀하셨재.
"아야, 주딩이 닥치고 그 사램한테서 존말 할 때 나오
그라."
하싱게로

왁자지근하다 군중 속에서 떠들썩하다 **갈침** 가르침 **턱주구리** 턱주가리, 아래턱 **입때껏** 이제껏, 이때까지 **갈치다** 가르치다 **함시롱** 하면서 **구신** 귀신, 마귀 **맹글다** 만들다 **요라고** 이렇게 **폴새** 벌써, 이미 **밸라도** 유별나게 **자제분** 자녀분, 아들딸 **콱간** 확(겁박하는 소리) **주딩이** 입 **존말** 좋은 말

26 드런 구신이 그 빙자 몸으로 버럭지 맹키로 사지를 뒤
틀듬마 소락떼기를 질러댔재. 결과적으로다가 몸땡이
에서 구신이 쑥 나가드랑게.
27 다 놀라 자빠져가꼬 서로 물어봄시롱,
"데똥 요거이 뭔 일이다요. 권세 있는 새 가르침이 분
명해부요. 웜메오메 드런 구신들도 저 양반 앞에서는
까빡 기어부요잉."
그라듬마.
28 웜마, 예수의 소문이 그 시로 온 갈릴리 사방에 쫙-
하니 퍼져불었재.

쑤두룩하게 빙자를 고치신 예수

29 회당에서 나와가꼬 야고보와 요한이랑 합자꿍하여 시
몬과 안드레아의 집에를 방문했재.
30 시몬의 장모가 징상스런 열병에 걸려가꼬 딸싹을 못
한 채 눠써만 지냈담마. 사램덜이 수군대기를 그 아짐
이사 예수께서 비민히 잘 알고 고쳐주실 줄로 믿었재.
31 손을 잡아 일으킹게 빙이 워넌히 나서불고, 장모 아짐
은 찾아온 손님들을 오달지게 모시듬마.

빙자 병자, 환자 **버럭지** 벌레 **데똥** 대뜸 **웜메오메** 어머나(뜻밖의 일이 생길 때) **웜마** 어머나 **쑤두룩(빽적)하다** 넘치게 많다 **합자꿍** 힘을 모아 함께 **징상스럽다** 고약하다 **눠써** 누워 **아짐** 아주머니 **빙** 병 **워넌히** 너끈히 **나샀다** 낫다 **오달지다** 야무지다

32 저물어 땅금이 질 적에 겁나게 쑤두룩한 빙자들과 드
런 구신 들린 자를 예수께 델꼬옹게로
33 온 동네 주민이 그 문깐 앞에 웍적벅적 지달코 있등마.
34 예수께서 조목조목 빙자들을 고치고 또 구신도 움쩍
안튼 걸 쫓아냈재. 구신이 덥석 뉘신지 알아채리고 예
수께 무시기 말을 붙여볼라고 항게,
"아야, 어믄 지서리 말고 기냥 니 갈 질이나 가그라."
똑데기 그라시드랑게.

뜨냉구 예수의 전도 여행

35 새복에 아적 날도 안 밝았는디 예수께서 기침을 허시고
암도 없는 곳에 가시덩만 혼자 쥥히 기도를 하싱게로
36 시몬과 또 같이 있던 일행이 예수의 꽁무니를 살살 봅
다가
37 만나 뵙고 뜰먹뜰먹 말씀을 드리기를,
"빙자들이 인산인해로 몰려오는디 으짜쓰까라 슨상님?"
38 예수께서 날랍게 말씀하셨재.
"인자 딴 동네로 가십시다들. 거그서도 복음을 전해야

땅금 땅거미 **웍적벅적** 시끌벅적하다, 시끄러울 정도로 많이 **지달리다** 기다리다 **무시기** 무언가 **어믄 지서리** 딴 짓, 비뚤어진 짓, 쓸데없는 짓 **똑데기** 똑똑히, 반듯하게 **뜨냉구** 떠돌이 **새복** 새벽, 이른 아침 **아적** 아직 **쥥히** 조용히 **뜰먹뜰먹** 설레면서 꺼내는 말(=들먹들먹) **슨상님** 선생님 **날랍다** 빠르다

지라. 나는 요런 일을 할라고 시상에 온 사램이재라."
그라시듬마.
39 이에 온 갈릴리에 두루두루 댕김서 여러 회당에서 전
도하시고, 또 구신들을 쫓아냈재.

나병 환자(문딩빙자)를 고치신 예수

40 한 문딩빙자가 질루 먼저 예수께 와 엎져 간구하며 입
을 벌쌔듬마.
"사뢰옵기는 제 몸띵이가 요라고 드러운디, 주님 깨깟
하게만 해주씨오."
41 예수께서 짠하게 여김서 손을 내밀듬마. 그 버리데기
몸띵이에 댐시로 이러셨재.
"원하노니 온 몸띵이가 밀가리 맹키로 흐옇게 깨깟해
지씨오."
42 금메 빙이 그에게서 속히 떠남서 몸띵이가 개안하게
나음을 입었더란 말이재.
43 글치만 그의 뒤퉁수에다 대고 엄하게 권면을 하시듬마.
44 "예말이요. 암데나 뭇뜨래기들한테 자랑하덜 말고, 몸
띵이를 사제에게만 비채주씨오. 깨깟이 나샀음을 모

문딩빙자 한센병 환자, 나병 환자 **질루** 제일 **벌씨다** 벌리다, 열다 **짠하다** 가엽다, 가련하다 **버리데기** 버려진 사람 **밀가리** 밀가루 **흐옇다** 하얗다 **글치만** 그렇지만 **예말이요** 이보시오, 여보세요 **암데나** 아무데나 **뭇뜨래기들** 여러 사람들 **비채주다** 비춰 보이다

세가 명한 예물을 드림서 그들에게 알아묵게끄럼 증명을 하시란 말이요."

묵신허니 말씀을 주셨재.

45 그란디 이 픈수덩어리가 배깥에 나가듬마 사방데다가 초랭이 방정 맹키로 좔좔 나불어 댔재. 예수께서 정체가 뽀록이 날까시퍼 동네로는 못 들어가시게 되었재. 한핀짝 꼴창에 사름방살이 살듯 깜깜히 지내셨는디, 또 어트케 거그 지신 거슬 알아내가꼬 사램덜이 구름떼 맹키로 몰려 오드랑게.

묵신허다 묵직하다 배깥 바깥 초랭이 방정 오두방정 뽀록나다 들통나다 꼴창 시골 구석, 깊은 골, 벽촌 오지마을 사름방살이 월세 살이 어트케 어떻게 지시다 계시다

2장

중풍빙자를 고치신 예수

1 시간이 쪼깨 흐릉게로 예수께서 재차 가파르나움 동
네에 들어가셨재. 뉘 집에 지신단 소문이 났던갑서. 허
벌나게 성천난 인파로 문간까지 발을 디들 틈도 없이
되었듬마.
2 벌떼 맹키로 몰려든 사램덜은 새릅박 목전까정 꽉 찼
드랑게. 예수께서 그들한테 자분자분 하눌님의 말씀
을 전하셨재.
3 풍 맞은 빙자를 네 사램 장정이 떼메고 오듬마 그 질
로 예수께 보일라는디
4 가히 인산인해라, 도저히 뚫고 들어갈 수 없었던 모냥
이재. 금메 지붕을 뜯어가꼬 구녕을 내불드랑게. 중풍
빙자가 눠쓴 쬐꼬만 침상을 포도시 매달아 내리는디
5 예수께서 그들 믿음이 요로케 참하고 조은 거슬 보시
고, 중풍빙자한테 이르셨재.
"지극히 작은 성제여. 죄사함을 입었응게로 인자부텀
늘상코 심려치 마시오."

쪼깨 조금 **재차** 거듭 **허벌나다** 엄청나다 **성천나다** 홍수나다 **새릅박** 대문 밖 **자분자분** 부드럽고 찬찬하게 **떼메다** 둘러메다, 둘러업다 **모냥** 모양, ~같이, ~처럼 **금메** 글쎄, 그러니까 **구녕** 구멍 **눠쓴** 누운 **쬐꼬만** 작은 **포도시** 간신히 **조은 거** 좋은 것 **늘상코** 항상

나음을 입은 중풍병자

6 율법학자들이 거그 앙거 있었는디 곰곰 예수의 수말
스런 말뽄새에 대해 숭을 봄서 이라듬마.
7 '이 사램이 요로케 말을 하는 거슨 신성 모독이 분명하
당게. 오로지 하늘님 외에 누가 감히 사램의 죄를 용
서할 수 있단 말이여.'
8 그들 율법학자들의 속사정을 짐작한 예수는
"예말이요. 어찌 그런 숭굴숭굴한 생각을 잡수신단 말
이오.
9 빙이 걸린 사램한테 죄를 용서받았다는 말을 하는 거
시기와 지비가 누운 침상을 들고 걸어가란 말 가운데
어뜬 말을 뱉기가 수월하겄소?
10 하지만서도 사램의 아들이 땅 우에서 죄를 용서하는
권세가 있는 거슬 지비들도 알고는 지시라고, 본때배
기로 지가 꺼내본 소리다요."
그라듬마 중풍빙자를 향해 말씀을 이으셨재.
11 "예말이요. 침상을 들고 쌩- 하니 댁에로 가시쑈이."
12 그라자 그가 즉시로 나음을 입고, 부숨방에서 뽈깡 인
나듬마 침상을 들고는 무리들 앞을 지나서 쌩- 하니
제 집을 향해 가드랑게. 몽조리 놀라 자빠짐시로 하늘
님께 영광을 돌렸재. '금메 말이시. 인제까정 구경 못

앙그다 앉다 **수말스럽다** 순하고 얌전하다 **말뽄새** 말하는 내용과 예의 **예말이요** 이보시오, 여보세요 **숭굴숭굴하다** 음흉하다, 음험하다 **지시다** 계시다 **본때배기** 본보기 **부숨방** 구들방 아랫목 **뽈깡** 불쑥, 대번, 벌떡 **몽조리** 모두, 모조리

해본 굉기한 기적이고마.' 그람서 수군수군 쏙댁이드
랑게.

레위를 부르심

13 예수께서 재차 호숫가로 걸어 나가싱게 모구떼 맹키
로 군중이 따라붙었재. 그들을 안채놓고 말씀으로 좌
악- 하니 가르치셨재.
14 또 지나다가 세관에 앙겄던 알패오의 아들 레위를 만
났재.
"성씨도 나와 항꾸네 어울려서 질을 가십시다."
하시니 즉시로 인나듬마 군말 안 하고 뒤를 따랐재.
15 그의 집에 앙거서 음석을 노나 잡수실 적에는 솔찬한 세
리와 죄인들이 예수와 그의 제자들과 모태 앙겄재. 이는
그런 치들이 보통 예수를 따랐다는 증거가 되겠재라.
16 바리사이파 율법학자들은 예수께서 죄인이나 세리들
과 주로 먹고 마심시롱 교분을 나누는 거슬 보고, 제
자들한테 쌩콩하니 따졌재.
"아니 왜 저 양반은 저따구로 재수 옴 붙은 세리나 죄
인들이랑 어울려가꼬 짜구나게 묵고 마시냔 말이요?"

금메 말이시 '그러니까 말입니다.'라는 뜻 **굉기하다** 우연히 발생한 일이 기이하다, 공교롭다 **쏙댁이다** 속삭이다 **모구떼** 모기떼 **안채놓다** 앉혀놓다 **항꾸네** 함께, 같이, 더불어 **음석** 음식 **노나다** 나누다 **솔찬하다** 많다 **모태다** 모으다 **쌩콩하다** 샐쭉하다 **짜구나다** 배가 터질만큼 많이 먹다

17 예수 귀에까지 그 말이 새 들어가자, 요라고 답을 주
시듬마.
"건강한 양반들이야 의원이 무슨 필요가 있겠소만, 빙
이 들어 뒈지겠는 사램한테는 필요하지 않겠소? 나는
거시기 의로운 사램을 부르러 온 거시 아니란 말이요.
이러트먼 어쨌그나 죄인들을 동무 삼을라고 온 사램
이란 말이요."
그라시듬마.

단식 논쟁

18 요한의 제자들과 바리사이파 사램덜이 단식을 하고
있었는디, 그들이 예수에게 몽숭거림시로 말했재.
"요한의 제자들과 바리사이파 제자들은 단식을 엄배
덤배라도 하든디, 지비 제자들은 당최 단식을 먼산바
래기 하는 고 자초지종이 궁금하요야?"
19 예수께서 그들에게 똑떽히 대답을 했재.
"잔치가 벌쌔진 혼삿집에서 신랑이나 손님들이 뭔나
따나 단식을 한단 말이오. 보통 신랑과 항꾸네 오구감
탕시럽게 잔치를 즐기는 뱁이재. 기쁜 혼삿날에 배라

이러트먼 이를테면 **몽숭거리다** 뜻을 이루고자 대들다 **엄배덤배** 엄벙덤벙 **먼산바래기** 사팔뜨기 **똑떽히** 똑똑히 **벌쌔지다** 벌어지다, 일어나다 **뭔나따나** 무슨 일이 있다고 **오구감탕시럽다** 매우 만족스럽고 행복하다

뱰 맛난 냄시가 진동을 하는디 단식을 할래야 할 수가
또 없고 말이재라.
20 그라지만서도 언젠가는 신랑을 빼앗길 날이 올 꺼시
요. 그날부텀 대끄덕 단식을 해도 늦지 않겄재라.
21 생베 조각을 오래 묵은 옷도리에다가 꿰매는 미련반
펭이는 없을 거시오. 만당간에 그란다면 새로 덧붙이
고 짬맨 짝이 오래된 조각을 땡겨가꼬, 갑절로 심하게
찢어질 거시재라.
22 맛나고 썽썽한 포도주를 해묵은 까죽 부대에 부어가
꼬 배래불게 보관하는 벨쌍시로운 사램이 대차나 어
딨겠소? 만당간에 그란다면 새 포도주가 낡고 허른
까죽 부대를 찢어지게 맹글 거시오. 포도주도 배리고
까죽 부대도 못쓰게 되겄재라. 모름지기 새로 빚은 포
도주는 새 까죽 부대에 담아야 쓸 일이재라. 거시기
그라요, 안 그라요?"

안식일 논쟁

23 안식일에 예수가 밀밭 두렁길로 걸음을 떼는디, 제자
들이 앞을 틈시로 가다가 뱃속이 꼴짝항가 나락모개

냄시 냄새 **대끄덕** 당장, 순간 **미련반펭이** 미련퉁이, 바보 **만당간에** 만일 **썽썽하다** 싱싱하다, 생기가 있다 **배리다** 버리다 **벨쌍시롭다** 어처구니없다 **대차나** 과연 **허른** 낡은 **두렁길** 도랑길 **틈시로** 헤쳐 열어서 **꼴짝하다** 배고프다 **나락모개** 벼 이삭

를 잘라 손부닥에 싹싹 비비듬마.
24 바리사이파 사램덜이 이를 앵그레보덩만 예수에게 말
했재.
"예수씨, 잠 여기를 보씨오. 지비들이 안식일에 금하는
짓거리를 해대는 연유가 대관절 뭐시다요?"
25 예수가 그들한테 답했재.
"다윗과 항꾸네 동행하던 사램덜이 음석이 부족하고
배곯았을 적에, 다윗이 어트케 대처를 했는지 정녕 살
패보지 안했단 말이오?
26 에비아달 대사제 시대였재라. 다윗이 하눌님의 성전에
들어가 사제들 외엔 절대로 묵어선 안된다는 제단의
떡을 홀랑 집어 생캤재라. 또 그와 항꾸네 같이 한 자
들과도 떡을 노나 묵었단 야그를 언감생심 들어보지
못했단 말이오?"
27 또 거시기 이르기를
"안식일이란 말이오, 애초 사램을 위해 생겨난 거시기
재, 사램이 안식일을 위해 생겨난 거시기가 아니란 말
씀이요.
28 긍게로 거시기 '사램의 아들이 곧 안식일의 주인'이란
소리재라."

손부닥 손바닥 **앵그레보다** 쏘아보다 **잠** 좀, 잠깐 **살패보다** 살펴보다 **생키다** 먹다, 삼키다 **야그** 이야기 **긍게** 따라서

3장

오그라든 손을 펴주신 예수

1 예수께서 재차 회당에 들어가는디 한쪽 손이 오그라든 사램이 있드랑게.

2 사램덜이 예수를 고발해 혼꾸녁을 내겠다는 심산으로 안식일에 그 사램을 깨깟이 고칭가 으짠가 몽그레지게 쪼아 보듬마.

3 예수께서 손이 오그라든 사램한테
"지비는 쪼매 인나서 요짝 가운데로 잠 와보씨요잉."
하시듬마.

4 그라고는 사램덜에게 말씀을 하셨재.
"안식일에 목숨을 살리는 존일을 하는 거시기와 넘을 뚜딜어패고 쥑이는 못된 지서리를 하는 것, 어느 거슬 해야 옳은지 조깐 애기를 노나보씨요."
그라자 그들이 주딩이를 옴쑥 봉하드랑게.

5 그들 맴이 완고한 거슬 아시고 순간 노기를 띠시듬마.
그들을 뼁 둘러보시듬만 그 손모가지 오그라든 사램한테 이르시길,
"손을 한번 짝- 하니 핌서 뻗어보시쑈잉."

혼꾸녁 혼구멍, 혼 **몽그레지다** 끝이 닳아 줄어들다 **지비** 당신, 그대 **잠** 좀, 잠깐 **넘** 남 **뚜딜어패다** 두들겨 패다 **지서리** 짓거리 **조깐** 조금, 잠깐 **옴쑥** 오므리다

하자 그가 손부닥을 뻗응게 굉기하게도 손이 짜악 펴
짐서 암시랑토 않게 나서불드란 말이시.
6 바리사이파 사램덜이 배깥으로 나가듬마 바로 헤로데
당원들과 짝짜꿍을 함서, 우짜던지 예수를 처단해야
쓰겄다고 작당 모의를 시작했재.

호숫가에 몰려든 군중

7 예수께서 제자들과 항꾸네 호숫가로 한핀짝 물러가
셨재. 갈릴리에서 큰 군중이 떼글어다님시로
8 유대와 예루살렘과 에돔과 요르단 건너편, 글고 띠로
와 시돈 근처에서도 그간 행하신 이적을 드레다 볼 참
으로 소문을 듣고 몰려 들더랑게.
9 예수를 둘러쌈서 밀쳐 대다가는 큰 안전사고가 터질
까 염려가 되드랑게. 거룻배 한 척을 포구에 대도록
제자들한테 죄기댔재.
10 오지게 여러 사램을 개안하게 고치셨는디, 평생토록
빙에 끌려댕기던 사램덜이 아조 예수를 한테기만 만져
볼라고 죽기살기로 뎀배들더랑게.

굉기하다 우연히 발생한 일이 기이하다, 공교롭다 **암시랑토** 아무렇지도 **항꾸네** 함께, 같이, 더불어 **한핀짝** 광야, 외곽, 변두리 **떼글어다니다** 떼를 지어 다니다 **글고** 그리고 **드레다 볼 참으로** 들여다볼 참으로 **죄기대다** 조여들다, 명령을 내리다 **개안하다** 개운하다, 정상이다 **한테기** 한번, 하나 **뎀비다** 덤비다

11 드러운 구신들도 예수를 뵙기만 하면 그분 앞에 납작
엎드리듬마. 그라고는 씹덕껍덕 시부리던 입으로 부
르짖덩만.
“웜매웜매, 이분이야말로 참말로 하늘님의 아들이시재
라.”
12 예수께선 자기를 어따가 떠벅수 맹키로 알리지 말라
고 독하게 주의를 주고 그라셨재.

열두 사도

13 예수께서 또 산 깔끄막에 오르시덩만 맴구석에 뒀던
사램덜을 부르싱게로 떵개떵개 가찹게 다가왔재.
14 보시듬마 열둘을 따로 세워 ‘사도’로 삼으셨재. 저와 항
꾸네 지내면서 빠락빠락 복음을 전하는 일도 맡기고,
15 구신을 몰아내는 능력도 주시드랑게.
16 요로케 열둘을 뽑아 세우셨는디, 베드로란 이름을 새
로 지어준 시몬과
17 ‘천둥배락의 아들’이란 뜻의 ‘보아네르게스’*라는 이름
을 준 제베대오의 두 아들 야고보와 그의 동상 요한,
18 그밖에도 안드레아, 필립보, 바르톨로메오, 마태오, 필

씹덕껍덕 함부로 말을 뱉는 모양 **웜매웜매** 어머나(뜻밖의 일이 생길 때) **떠벅수** 떠벌이, 수다쟁이 **깔끄막** 가파르고 비탈진 언덕 **떵개떵개** 둥개둥개 **가찹다** 가깝다, 가까이 **빠락빠락** 공을 들여, 힘을 들여 **배락** 벼락

립보, 알패오의 아들 야고보, 타대오, 혁명당원 시몬,
19 또 예수를 돈 받고 폴아묵은 가리옷 사램 유다였재.

베엘제불과 성령

20 돌방구 뜨냉구 예수께서 그참저참 한 집을 정하고 들
어가셨재. 겁나게 많은 군중이 몰려쌌는 때문에 인데
까정 밥상을 차려 묵을 틈시도 없었드랑게.
21 예수의 친척 양반들이 엥그라보다가 신작로 질로 나
오는디, 그 양반이 정신이 홱 돌아뻿다는 소문을 들었
는갑서.
22 예루살렘에서 내려온 율법학자들은 '베엘제불 구신이
붙었다'고 하고, 또 뉘기들은 구신의 대장격인 '되양수노
릇'을 하면서 부하 구신을 쫓아내는 거시라 하드랑게.
23 예수께서 그들을 불러다가 비유로 말씀을 주셨재.
"사탄이 어찌케 사탄을 몰아낼 수 있겄소?"
24 "또 만당간에 나라가 내전이 벌어져 두 편짝으로 갈리
면 나라가 그 시로 절딴이 나불 거시재라.
25 만당간에 집안이 갈라져 멀크락을 잡고 찝어때대면

폴아묵다 팔아먹다 **돌방구** 이리저리 돌아다니는 사람 **뜨냉구** 떠돌이 **인데까정** 이제까지 **틈시** 틈새 **엥그라보다** 둘러보다 **돌아뻿다** 미쳤다, 돌았다 **되양수노릇** 대장 노릇, 우두머리 노릇 **어찌케** 어떻게 **만간당에** 만약에 **멀크락** 머리카락 **찝어때대다** 꼬집으면서 격렬히 싸우다

가정이 어째 무사하겠소?
26 만당간에 사탄의 나라가 내분으로 막캥이질을 해싸면
종국에는 짜그러져 망할 꺼시오.
27 먼저 고랑방퉁이 같은 놈을 쌔래잡아 딸싹을 못하게
뭉꺼논 후에야 비로소 그 집에 들럭쟁이들이 달라붙
어 재물을 털 수 있을 거시 아니요.
28 진실로 지비들한테 말하는디, 사램이 저지르는 오만
가지 죄나 신성 모독의 징상스런 말쯤이야 거즘 용서
를 받을 수 있는 거시재라.
29 글치만 성령을 모독하는 지서리는 결단코 용서를 못
받을 거시오. 미끄런 옹구락지라도 소양없이 혹독한
형벌을 면치 못할 거시재라우."
30 요렇게 말씀을 하신 거는 '그가 드런 구신이 씌여 실성
했다.'고 뉘명을 씌움서 비방하는 자들이 있었기 때문
이었재.

가족 논쟁

31 그때에 예수의 어무니랑 성제들이 찾아와가꼬, 밖에
서서 인편으로 예수를 부르는디

막캥이질 고집불통으로 못된 짓을 일삼는 것 **짜그러지다** 찌그러지다 **고랑방퉁이** 망나니처럼 함부로 행동하는 이 **쌔래잡다** 제어하다 **딸싹 못하다** 움직이지 못하다 **뭉끄다** 묶다 **들럭쟁이들** 도적 떼 **징상스럽다** 징그럽다 **거즘** 거의, 대부분, 약 **지서리** 짓거리 **옹구락지** 미꾸라지

32 군중이 예수를 뺑 둘러쳐 앙겄다가 여쭙기를,
"저그 저 슨상님! 어무니랑 성제되시는 양반들과 누이
들이 저짝 새릅박에서 아까부텀 슨상님을 찾고 지시
드랑게요."
33 예수께서 입을 벌쌔 말하시는디,
"예말이요. 어뜬 누가 내 어매와 동상들이란 말씀이
요?"
34 뺑 둘러 앙근 자들을 둘러 보시듬마 말씀을 이으셨재.
"내 어매와 동상들은 바로 젓꾼들인 지비들이오.
35 뉘든지 간에 하눌님 뜻대로 자우튼간 살아보겄다고
심을 쓰는 사램이 바로 내 성제고 자매재라. 그라고
또 나의 어무니란 말씀이오."

*보아네르게스: '천둥의 아들'이란 뜻의 아람어

소양없다 소용없다 **어무니** 어머니 **저짝** 저쪽 **새릅박** 대문 밖 **벌씨다** 벌리다, 열다 **예말이요** 이보시오, 여보세요 **어매** 어머니 **동상** 동생 **앙그다** 앉다 **젓꾼들** 같은 마음으로 뭉친 사람들 **자우튼간** 좌우지간

4장

씨 뿌리는 사램 비유

1 예수께서 재차 호숫가에 진을 치고 가르치셨재. 큰 군
중이 몰려드는디 예수께선 뱃머리에 올라가꼬 호수
우게로 거짐 떠 있는 형국이었재. 군중들은 호수 뽀짝
옆탱이 육지에 모태 있었재.
2 예수께서 오만가지 비유를 들어 '오지고 찰지게' 갈치
시는디, 텔싹 큰 소리로 요로케 이르셨재.
3 "귓구녕을 열고 잠 들어보씨오. 씨를 뿌리는 사램이
있었는디 밭에 뿌릴라고 나갔단 말이오.
4 한참을 씨를 뿌리는디 더러는 질가에 떨어져가꼬 새
떼가 쪼아묵어 부렀재.
5 더러는 흙기가 없는 독밭에 떨어졌는디 흙이 부족항
게 금세 싹만 흐떡거림서 나고, 줄기는 팩- 하니 오그
라들고 말더랑게.
6 해가 솟는디 뿌리가 없다봉게 마르고 타져불재 뭔노
무 가망이 있겄소.
7 더러는 가시덤불에 떨어져가꼬 덤불이 우거져 빽빽해

우게 위에 **뽀짝** 가까이 **옆탱이** 옆구리, 곁 **모태다** 모으다 **오지다** 충실하다, 튼실하다, 풍성하다 **텔싹** 높고 큰 형태 **귓구녕** 귓구멍, 귀 **잠** 좀, 잠깐 **독밭** 돌밭 **흐떡거리다** 헐떡거리다

징게 열매를 못맺고 말더랑게.
8 근디 더러 존땅에 떨어졌단 말이재라. 싹이 트고 잘
자라 무성하게 결실을 보았재라. 거자 삼십 배, 육십
배, 백 배가 넘게 되었당게라.
9 들을 귓구녕이 있는 양반들은 참말로 귀담아 들으씨
오."

비유 논쟁

10 예수께서 혼자 지실 때에 항꾸네 있던 사램덜과 열두
제자가 그간의 비유들에 관해 여쭈었재.
11 그라자 오레기빼듯이 요래 말씀을 주셨재.
"지비들에게야 하눌님 나라의 비밀을 씨언하게 갈채
주지만, 따른 사램덜한테는 알쏭달쏭한 비유로 솔랑
솔랑하게 들려주고 있재라.
12 그거슨 그들이 보고 또 봐도 알아묵지 못하고, 듣기는
들어도 깨닫지 못하게 할라고 그라는 거시재라. 그들
이 소랍게 알아보고 귀담아들을 수만 있담사 나한테
진작 돌이켜 죄 사함을 받으려 했을 꺼시오."

근디 그런데 **존땅** 좋은 땅 **거자** 거의 **항꾸네** 함께, 같이, 더불어 **오레기빼다** 전에 못한 일을 많이 하다 **씨언하다** 시원하다 **따른** 다른 **솔랑솔랑** 조금씩 조금씩 **소랍다** 쉽다

씨앗 비유

씨 뿌리는 비유의 설명

13 또 말씀을 이어서 하시는디,
"지비들이 요런 비유 하나도 잘 알아묵지 못하는디 어
찌케 다른 비유를 갈친다고 알아들으시겠소?
14 씨 뿌리는 사램이 뿌렸다는 씨란 머시냐, 하눌님 나라
에 관한 말씀이재라.
15 말씀이 질가상에 뿌려졌다는 거슨 곧 말씀을 들었을
적에 사탄이 그 즉시 찾아와 그들에게 뿌린 말씀을 숭
켜 돌라가는 야그지라.
16 또 독밭에 뿌렸다는 거슨 곧 말씀을 들을 적엔 그 즉
시 받아들이긴 함서도
17 속에 뿌렁구가 없응게 조깐 전디다가 환난이나 박해
를 받으면 기냥 말씀에 걸려 넘어지는 사램이재라.
18 또 가시덤불에 씨가 떨어졌다는 거슬 풀자면 말씀을
듣기는 함서도
19 시상의 오만 걱정과 재물의 꾐과 던저러운 욕심이 오
시래미로 들어와 말씀을 가로막고, 결국 열매를 못 맺
는 사램을 갤키는 거시재라.
20 존땅에 뿌려졌다는 거슨 그 말씀을 아조 잘 받아들애

지비 당신, 그대 **질가상** 길가 위 **숭키다** 숨기다, 감추다 **돌라가다** 훔쳐가다 **야그** 이야기 **뿌렁구** 뿌리 **전디다** 견디다 **던저럽다** 더럽다 **오시래미** 고스란히 **갤키다** 가리키다

가꼬 삼십 배, 육십 배, 아니 백 배까정 결실을 내는 사
램을 갤키는 거시재라."

등불 비유

21 또 그들한테 요라코롬도 말씀하셨재.
"등불을 갖다가 됫박 알로 두거나 침상 꾸석지에 두는
사램이 어디 있겠소. 누구나 등경 우게다 두려고 하질
않겠소?
22 꼼치고 숭킨다고 과연 그래집디여. 결과적으로 조르
라니 드러나게 마련이재라. 비밀은 들통나게 되야 있
재라.
23 들을 귓구녕이 있는 양반들은 들으씨오."
24 또 말씀을 이으셨재.
"지비들이 머슬 듣던지 맴에 지피 새겨 두씨오. 넘에게
달아준 맹큼 역불로라도 더 받을 거신디, 냉중에 덤까
지 엉거서 받게 될 거시재라.
25 있는 사램은 배로 더 받을 거시재만, 없는 사램은 그
있던 밑천까지 망주막에 싹다 빼앗길 꺼시오."

요라코롬 이렇게 **됫박** 쌀 바가지, 움푹 패인 정량 바가지 **알로** 아래로 **꾸석지** 구석지 **우게** 위에 **꼼치다** 몰래 숨기다 **조르라니** 차례대로 **머슬** 무엇을 **짚다** 깊다 **역불로** 일부러, 반대로 **냉중** 나중 **엉그다** 얹다 **망주막** 마지막

하늘님 나라 비유

26 또 말씀을 보태시는디
"하늘님 나라는 사램이 씨를 땅부닥에 뿌림과 같소.
27 밤낮 자다깨다 하는 중에 씨가 터서 자라나는디, 그
짤룹던 거시 쑥쑥 커감을 누가 얼풋이나마 짐작이라
도 할 꺼시오.
28 땅부닥이 절로 생명을 길러가는디, 첨엔 싹이 돋고 냉
중엔 나락모개가 패고 더 냉중엔 충실한 곡석 열매를
맺는 이치겄재라.
29 열매가 실하면 낫을 대는디 인자 추수 때가 찼다는 야
그재라."

겨자씨 비유

30 또 이르시길 "우리가 하늘님 나라를 딴 거시기에다 견
주면서 또 어떤 머시기로 비유를 삼을 수 있겠소?
31 그거슨 겨자씨 한 알과 같다 할 거시재라. 땅부닥에 숭
글 때에는 땅 우게 있는 어떤 씨보다 쬐꼬만 거시재라.
32 그란디 후재 낭구가 자라면 보씨요. 시상에 어떤 남새

짤룹다 짧다 **얼풋이** 어렴풋이 **나락모개** 벼 이삭 **곡석** 곡식 **머시기** 무언가를 말하려 할 때 뭉뚱그려 쓰는 말 **숭구다** 심다 **후재** 나중, 훗날 **낭구** 나무 **남새** 푸성귀

보다 크고 너릅게 펼쳐지질 않읍디여. 마침내 공중에 날던 새들이 그 푸른 낭구 그늘에 편히 깃들어 쉬게 될 꺼시오."

비유로 갈치시는 예수

33 예수께서 요런 기맥힌 비유로 그들이 알아묵기 쉽게 말씀을 갈채주셨재.
34 그들에게는 요로고 비유로만 말씀을 주셨재만 제자들한테는 따로 '날캄하고 지푸게' 풀어서 알캐주셨재.

잔잔해진 풍랑

35 그날 해가 저물어 땅금이 지자
"인자 호수 저편짝으로 건너갑시다잉."
하싱게
36 그들이 군중을 벗어나 예수를 배에 지신 그대로 모시고 갔재. 그라자 딴 배들도 노를 젓듬마 출발을 하드랑게.
37 근디 뜬금없이 돌풍이 일고 물살이 배를 흔듬서 물이 참방참방 뱃머리까지 들이차기 시작을 하드랑게.

너릅다 넓다 **기맥히다** 기막히다 **날캄하다** 뾰족하다 **짚다** 깊다 **알캐주다** 알려주다, 가르치다 **땅금** 땅거미

배에 타신 예수

38 이 난리통에 예수께서는 뱃고물에서 시상 팽안하게 비개를 비시고, 또가리 틀어 주무시듬마. 제자들이 겁을 몽씬 집어 묵고 예수를 깨워댔재.
"슨상님! 아따메 시방 싹 뒈지게 생겼는디 꿀잠이 오시요. 어찌케든 우리를 살래주서야 쓰겄는디요."
39 예수께서 닫힌 눈꺼풀을 끌르듬만 쏙소리바람을 향해 콰간 꾸짖으셨재.
"아가 바람아. 졸갑시롭게 그라지 말고 가만침 잠잠해지그라잉."
하시니 곧바로 세찬 바람이 그쳤재. 아조 날랍게 호수가 잔잔해지드랑게.
40 그라자 제자들에게 말씀하셨재.
"지비들은 여가튼거슬 가꼬 이르케 호들갑을 떨고 그라시요. 어째 요라고들 믿음이 없으시오."
41 그들이 겁 묵고 떨면서 서로 자불자불 자자구리기를,
"데차 슨상님은 뉘시기에 바람과 호수까정 면전에서 설설 기고, 저리 꼬랑지를 내림서 숙어분단 말이여."
쎄를 내두르더랑게.

팽안하다 평안하다 **비개** 베개 **비다** 베다 **또가리** 또아리 **몽씬** 몽땅, 잔뜩 **끌르다** 열다, 풀다 **쏙소리바람** 회오리바람 **콰간** 확(겁박하는 소리) **졸갑시롭다** 차분하지 못하고 나대다, 야단스럽다 **가만침** 가만히 **날랍다** 빠르다 **여가튼거슬** 이 정도쯤을 **자불자불** 수다스럽게 술렁대며 말하다 **자자구리다** 지껄이다 **데차** (맞장구칠 때, 마음속으로 동의할 때) 과연 그렇지 **설설기다** 조심성 있게 굴다 **숙어불다** 고개를 숙이다, 납작 엎드리다 **쎄** 혀

5장

구신과 도야지 떼

1 예수께서 호수 건너짝 게라사 지방에 당도했재.
2 탔던 뱃고물에서 내링게 드러운 구신 들린 사램이 뫼
똥 사이에서 나오듬마. 금메 예수에게 덥석 달라들드
랑게.
3 그 사램은 뫼똥 사이에 덕석을 깔고 지내는디, 상태가
날로 심해져가꼬 쇠사슬로도 짜맬 수 없이 포악해졌드
랑게.
4 고랑과 쇠사슬로 암만 뭉꺼봐야 소양이 없고, 쇠사슬
따위 끊고 고랑도 뿌사불만치 심도 장사듬마. 암도
그 사램을 말릴 심이 있는 자가 없더란 말이재.
5 허구헌날 뫼똥과 산골창에서 감푸게 소리를 지름시
로, 독팍으로 제 몸뗑이를 박박 긁거나 찧으며 자해를
한다드랑게.
6 그라던 사램이 아조 멀찍이서 예수를 보듬마는 담박
질쳐 와가꼬, 넙죽 절을 바치는 거시여.
7 그다가 귀창이 찢어지게 멱을 땀서 말하기를,

건너짝 건너편 **뫼똥** 묘지, 무덤 **금메** 글쎄, 그러니까 **달라들다** 달려들다 **덕석** 멍석 **뿌사불다** 부서뜨리다, 허물다 **암만** 아무리 **심** 힘 **암도** 아무도 **산골창** 산골짜기 **감푸다** 거칠고 사납다 **독팍** 돌 **담박질** 달음박질 **귀창** 귀청 **지비** 당신, 그대

"겁나 높으신 하늘님의 아들 예수시여. 지비가 나랑
먼노무 상관이 있다고 여그까지 납셔부렀단 말씀이
오. 원하옵기는 제발 나를 봅지 말고 기냥 내배래두시
기로 하늘님한테 맹서를 잠 해주씨오."
8 이는 폴새 예수께서 그 사램을 보는 찰라,
"아가, 드러운 구신아. 짜박끼리고 댕기지 말고 존말
할 때 그 사램한테서 썩 나오그라잉."
명하셨기 때문이재.
9 예수께서 보태어 물으신디,
"구신아. 니 이름 잠 들어보자꾸나. 니 이름이 긍게 머
시냐?"
그랑게 구신 들린 뿔 돋친 놈이 서뿌르게 대답을 허
듬마.
"지가 바로 '군대 구신' 이구마니라."
10 험시로 자기를 이 지방 동네에서 쫓아내지는 말아달
라 간청을 하드랑게.
11 마침 도야지 떼를 사육하는 산 그늘이 있었재. 도야지
떼가 울청에서 와글다글 여물을 묵고 있더랑게.
12 구신이 재차 떼장부리며 쌔알거리기를,
"우리를 차라리 도야지 떼한테 보내가꼬, 고놈들 속에

볼브다/봅다 밟다, 걷다, 뒤를 쫓다, 괴롭히다 **맹서** 맹세 **폴새** 벌써, 이미 **짜박끼리고 댕기다** 서투르게 걸어다니는 모양 **잠** 좀, 잠깐 **뿔 돋친 놈** 사나운 사람, 예사롭지 않은 사람 **서뿌르다** 서투르다 **도야지 떼** 돼지 떼 **울청** 울타리 **떼장부리다** 떼를 쓰다 **쌔알거리다** 중얼거리다

들어가게 해주쇼잉.”
13 “올체, 그라면 딱 쓰겄다잉.”
허락하시자 드러운 구신들이 나와 도야지 떼로 옴씨
락 들어갔재. 거즘 이천 마리쯤 되는 도야지 떼가 호
수를 향해 산비탈을 졸갑시룹게 달리드랑게. 호수에
고꾸라져 빠짐시로 아조 몰사를 해불듬마.
14 도야지를 치던 일꾼들이 놀라 자빠져가꼬 내뺐재. 금
시롱 읍내와 동네에다가 조르라니 이 일을 알렸재. 그
랑께 사램덜이 어쩌크롬 된 사정인가 볼라고 예까지 찾
아들 오더라고.
15 그들이 예수께 당도하자 구신 들렸던 사램, 긍게 ‘군대
구신’에 잡혀 살던 자가 옷을 빤다시 입고는, 정신이
아조 멀쩡하게 돼야가꼬 걸터 앙겄는 거슬 보고는 ‘오
메메~.’ 함시로 두려워 떨듬마.
16 구신한테 쥐뜯김시로 당한 일과 도야지 떼 구신 사건
을 경험한 이들이 동네 사램덜에게 이날 이때까정 겪
은 통사정을 들려줌게로
17 그들이 그간 예수께 몽구리던 말로 ‘인자 이 지방을 그
만 들었다놨다 하시고, 마저 가던 질을 가시라.’ 청을
하더랑게.

올체 옳다구나 **옴씨락** 온전하게 모두 **졸갑시룹다** 차분하지 못하고 나대다, 야단스럽다 **금시롱** 그러면서 **조르라니** 차례대로 **어쩌크롬** 어떻게 **쥐뜯다** 쥐어뜯다 **몽구리다** 마음에 두다, 벼르다

마귀와 돼지 떼

18 예수께서 배에 오르실 적에 구신 들렸던 사램이 실게
지기 싫응가 저도 뒤를 따르게 해달라 간청을 하듬마.
19 '어짜쓰까' 궁리 하시듬마, 결국 청을 거절하시등마.
"지비는 인자 집으로 돌아가시오. 그간 사정을 지비
가족들한테 소상히 알려드리씨오."
명하셨재.
20 그가 되돌아감서 예수께서 저한테 대끄덕 행하신 모
든 일을 데카폴리스에 가서 지저구렀더니 듣던 주민
들이
"오메메~."
하고 굉기해 여기드랑게.

예수의 옷에 손을 댄 여자,
도로 살아난 야이로의 딸

21 예수께서 배를 타시고 도로 저편으로 건너가시는디,
큰 군중이 저에게로 몰려둥게 기냥 호숫가에 머무셨재.
22 야이로란 이름의 회당장이 찾아와 예수를 뵙듬마는
발아래 옴팍 엎지듬마.
23 애럽게 긴한 부탁을 올리는디,
"제가 어린 지집애기가 하나 있구만이라. 그 가이내가

실게지다 헤어지다 **대끄덕** 당장, 순간 **지저구리다** 지껄이며 알리다 **굉기하다** 우연히 발생한 일이 기이하다, 공교롭다 **도로** 다시, 재차 **옴팍** 온통 **애럽다** 어렵다 **가이내** 여자아이

시방 죽게 생겨 오목가심이 뭉개지는 거 같은디, 부디
오서가꼬 손을 엉기만 해도 살아날 거슬 지는 꽉 믿구
만이라."
24 예수께서 그 믿음을 기특히 여겨 그와 항꾸네 질을 가
시는디, 큰 군중이 뜨글뜨글 뒤따름시로 밀치기까지
허듬마.
25 군중 가운데 열두 해를 하혈증에 죽을상이든 여인이
한 맹 있었재.
26 의원들을 찾아댕기믄서 돈은 돈대로 탕진하고, 도통
나을 기미가 없이 빙은 악화일로였재.
27 예수를 함 볼참으로 눈꾸녁이 빠질락 했는디, 인파 속
에 낑겨 잉낄어지도록 둔전거리다가, 대끄덕 옷에 손
이 닿았단 말이시.
28 '내가 주님 옷에 손만 대부러도 구원을 입을 거시고마'
속으로 올케 믿었는 갑서.
29 핏기가 쪼로록 마름시로 빙이 싹 나서분 거시, 몸띵이
가 몬츰 볼촉스럽게 알아챘재.
30 예수께서 제 몸에서 기운이 쭉- 하니 빠져나간 거슬 아
시고
"시방 누가 내 옷에다가 손을 지피 대셨소?"

오목가심 명치, 가슴 복판 **엉그다** 얹다 **뜨글뜨글** 득실득실, 많이 **맹** 명 **눈꾸녁** 눈구멍 **잉낄어지다** 으깨지다 **둔전거리다** 서성거리다 **올케** 옳게 **마름시로** 마르면서 **싹** 모두 **몬츰** 먼저 **볼촉스럽다** 느닷없다, 겨를 없다 **짚다** 깊다

하고 물으셨재.

31 제자들이 하도 군중들이 밀고 땡기고 항게 외동사니침
시로
"누가 우리 슨상님한테 손을 대부렀냐 물으시지 않소~."
외쳤재.

32 예수께서 외또로 있는 한 여인을 치다보셨재.

33 여인이 저한테 벌어진 일인 줄 알고 떰시롱 다가오듬
마. 예수 면전에 몽낭셍이 맹키로 납작 엎지듬마 사실
을 고했재.

34 예수께서 겁나 가찹게 대하시드라고.
"여인이여. 기냥 인나씨요. 지비의 으지랑스러운 믿음
이 지비를 구했소. 빙이 개안하게 나았응게, 인자부텀
팽안히 가던 질을 가씨오."

35 아적 말씀이 안 끝났는디 회당장 집에서 사램덜이 담
박질로 뛰어 오등마.
"하늘도 무심허재. 딸내미가 금메 죽어부렀다고 안 하
요. 슨상님을 그만 괴롭혀도 쓰겠소잉."
하드랑게.

36 예수께서 그 하는 말을 귀담아 듣지 않으시덩마. 회당
장한테

외동사니치다 소리를 지르다, (널리) 외치다 **대(불)다** 닿다, 만지다 **외또로** 홀로 **면전** 정면 앞 **몽낭셍이** 목석 **가찹다** 가깝다, 가까이 **인나다** 일어나다 **으지랑스럽다** 속이 차고 웅숭깊다 **지비** 당신, 그대 **개안하다** 개운하다, 정상이다 **아적** 아직 **담박질** 달음박질

하루 연인

"행여나 겁묵지 마씨요. 맴을 낙낙하게 잡수고 나를 믿기만 허시랑게요."

그랬재.

37 베드로와 야고보와 야고보의 성제지간 요한 말고는 암도 질을 따라오지 못하게 허시듬마.

38 회당장 집에 당도하자 사램덜이 소란을 떰시롱 대성 통곡을 하고 그라드랑게.

39 경박간에 집에 들어가 그들한테 말씀을 하시듬마.

"지비들은 뭔나따나 게풀어지게 울고불고 이 난리시오. 아그가 죽은 거시 아니라 시방 머시기 지푸게 잠을 자는 거시란 말이오."

하시니,

40 '헐래, 뭔노무 뚱딴지 같은 소리디야~.' 다들 비웃더랑게. 예수께서 싹 배깥으로 나가라 하시듬마. 아그 부모랑 제자들만 델꼬서 아그가 눴는 방에 들어가샜재.

41 아그 손목을 잡든마 외치셨재.

"탈리다 쿰!"*

요 말을 풀자면 '가이내야! 내가 니한티 말하노니 뽈깡 인나그라!' 그런 뜻이재.

42 메가리가 되살아낭가 가이내가 그 시로 뽈깡 인나 걸

낙낙하다 여유롭다 **암도** 아무도 **경박간에** 잠깐 동안에 **뭔나따나** 무슨 일이 있다고 **게풀어지다** 맥풀리다 **헐래** 하이고, 숨을 몰아쉬는 소리 **뽈깡** 불쑥, 대번, 벌떡 **인나다** 일어나다 **메가리** 맥, 기운

어 댕기드랑게. 머라드라, 아그 나이가 열두 살이라등
가. 사램덜이 아조 경치게 놀라 자빠져부렀재.
43 예수께서 그들에게 거듭 주의를 주셨재.
"아무한테도 말하지 마시요잉."
그라고 가이내가 묵게끄럼 요기할 거슬 차려주라고
당부하시듬마.

* 탈리다 쿰: '일어나라!'라는 뜻의 아람어

머라드라 뭐라고 하던데 경치다 굉장히, 매우 묵게끄럼 먹을 수 있도록

6장

예언자와 고향

1 예수께서 걱서 떠나 고향으로 돌아가싱게 제자들도
온냐~ 하고 뒤를 항꾸네 볼브면서 따랐재.
2 안식일에 회당엘 들어가 갈치셨는디, 쑤두룩이 많은
사램이 듣고 놀람시로
“저 사램은 어써 지혜를 받았으며 권능도 어써 생겨난
거시까라이.
3 저 사램은 마리아의 아들 목수가 분명히 맞는디? 그 성
제들은 야고보, 요셉과 유다, 시몬이 아니요? 또 그의
누이들도 역서 다 이리실짝시부텀 살고 있지 않은가
말이오.”
함서 좀처럼 예수를 믿을락 안코 으등거리듬마.
4 이를 몬차 잘 아시고 예수께서 요래 애기하셨재.
“암만 존경을 받는 예언자라도 즈그 고향과 친척, 혈
육들한테서 존경을 받기란 여간 어려운 뱁이재라.”
5 예수는 고향에서 빙자 몇 사램만 안수해 고치시고, 별
다른 기적을 베풀지 않음서 내비레뒀재.

걱서 거기서 **온냐** 그래 **항꾸네** 함께, 같이, 더불어 **쑤두룩(빽적)하다** 넘치게 많다 **어써** 어디에서 **역** 여기 **이리실짝시부텀** 어렸을 때부터 **으등거리다** 불평하다, 으르렁거리다 **몬차** 먼저 **즈그** 자기

6 글고 저희의 믿음이 모자른 거슬 짠깝게 여기셨재. 그 뒤로는 딴 꼴창으로 댕기시며 갈치셨재.

열두 제자 파송

7 한번은 열두 제자를 불러 드러운 구신을 쌔래잡는 권능을 주셨재. 둘씩 짝을 지어 짬매주고 파견을 하셨재.
8 "여행헐 때 지팡맹이 말고는 암것도 지니지 말 거시고, 배고플 때 군입거리나 자루도 지녀선 안되고 지갑에 돈도 넣고 댕기지도 말고잉
9 신발은 신고 있는 거슬 그대로 신고, 속꼬쟁이는 두벌씩 껴입지 마씨오."
10 여그다 보태서 뭐라곤고니,
"어써 누구 집에 가덩가 그 집에 궁딩짝을 붙이고, 고 지역을 떠나기까지 한 집에만 눌러 지시오.
11 지비들을 환영하지 않거나 지비들을 본청만청하는 고장이 있다믄 그곳을 떠날 때 경고하는 의미로다가 발에서 먼지를 탈탈 털어부쑈."
12 홀리듯 말씀을 새개듣덩만 열두 제자들이 배깥에 나가 회개하라고 우짜든지 전도를 했재.

꼴창 시골 구석, 깊은 골, 벽촌 오지마을 **쌔래잡다** 제어하다 **지팡맹이** 지팡이 **군입거리** 간식 **속꼬쟁이** 속옷 **뭐라곤고니** 뭐라고 하는가 보니 **궁딩짝** 엉덩이 **지비** 당신, 그대 **본청만청** 보는 둥 마는 둥

13 쑤두룩한 구신을 쫓아내고, 온갖 빙에 시달리던 이들
도 기름을 볼라 고치듬마.

세례자 요한의 죽음

14 예수의 이름이 알려지자 소문을 헤로데 왕도 듣게 되
었재. 혹자는
"세례 요한이 되살아나가꼬 기적의 능력이 예수한테
들어갔나벼."
15 또 다른 이는 엘리야가 살아났나벼, 어떤 이는 옛 예언
자들과 마찬가지 예언자라고도 하듬마.
16 헤로데 왕은 예수의 소문을 듣자마자
"내가 목을 벤 요한이 도로 살아난 모양이재."
하고 말하드라고.
17 이 헤로데로 말할 짝시면, 일찍이 군병을 시켜 요한을
체포하고 가막소에 가뒀재. 헤로데가 동생 필립보의
마누래 헤로디아와 혼인한 거슬 두고
18 요한이 헤로데를 향해
"동생의 마누래를 델꼬 사는 거슨 요상한 일이재라."
수차례 고발을 했기 때문이었재.
19 그랑깨로 헤로디아가 미움이 생겨 요한을 어뜨캐 해
불라고 작당 모의를 했으나 번번이 아사리판이 됐재.

가막소 감옥 마누래 마누라, 아내 아사리판 난장판, 질서 없이 어수선한 상태

20 사실은 헤로데가 요한을 밸라도 좋아하고, 의로운 것
과 거룩한 예언자임을 알아서 그를 두려워도 했재. 그
가 고발할 때마다 성질머리를 식히며 괴로워도 꾹꾹
눌러 참고 몽구림시로 두었재.
21 근디 헤로디아에게 기회를 몬츰 잡았재. 헤로데 왕의
생일 잔치에 고관대작과 고위급 군 장성들, 갈릴리의
부족장들을 청했는디,
22 헤로디아의 딸내미가 요염한 춤을 추어 큰 환심을 샀재.
"니 소원이 있으면 말해보그라. 무엇이든간에 나가 들
어주마."
했재.
23 "니가 이 나라의 반을 쪼개주라고 해도 줄람마. 청하
는 거슬 냉큼 말해보그라."
맹서까지 하듬마.
24 그 딸내미가 즈그 어매한테 쪼르륵 달려가서
"과연 무엇을 청하리까?"
물으니 그 어매가 달콩 이르기를,
"세례자 요한의 머릿통을 달라고 하그라."
25 그러자 딸내미가 곧바로
"이 쟁반에다 세례자 요한의 머릿통을 잘라서 갖다 주
시재라."
청했재.

밸라도 유별나게 **몽구리다** 오랫동안 마음에 두다 **몬츰** 먼저 **맹서** 맹세
달콩 냉큼

오병이어

26 헤로데는 속으로 몽지거리다가 그래도 약속은 약속인
지라 맹서를 지키고, 또 연회장 손님들의 눈도 있어 거
절을 하지 못했재.
27 왕이 경비병을 보내 옥에 갇혀있던 세례자 요한의 모
가지를 땄재.
28 쟁반에 께름칙하게 담아와가꼬 딸내미에게 내밀자 딸
내미는 이를 또 제 어매한테 줬재.
29 비보를 들은 요한의 제자들이 송장을 거두어다 장사
를 지냈담마.

오병이어 기적

30 사도들이 파송 뒤에 돌아와 그간 성과와 가르친 거슬
보고했재.
31 "수고들 하셨소. 따로 한적한 곳에 가서 잠 쉽시다. 영
양보충도 하고 말이재라."
찾아오는 사램과 군중 속에서 그동안 한가하게 음석
을 나눌 짬조차 없어부렀재.
32 예수 일행은 배에 올라타 한적한 모처로 떠났재.
33 근디 배가 떠나가는 것을 보고 가는 방향을 읽은 여러
동네 주민들이 육로를 담박질쳐서 몬츰 그곳에 당도

몽지거리다 머뭇대다 **음석** 음식

해 있었재.

34 예수께서 배에서 내린디 군중이 우르르 몰려드는 거
슬 보심서 그야말로 목자가 없는 양들 생각에 짠한
마음이 굴뚝같이 들었재.

35 땅금이 지고 저녁 어스름이 내려 앙그는 시간이라 제
자들이 예수께 아뢰길
"슨상님, 시간이 볼써로 늦어가꼬 해산을 해야 쓰겄는
디요.

36 저들이 제각기 여관이나 동네로 음석을 사먹고 오라
고 일단 보내자고라잉."
말했재.

37 예수께서 뭐라곤고니,
"지비들이 먹을 거슬 잠 노나주시면 안 되겠소?"
그렁게 제자들이 폴짝 뛰듬마.
"아니 우리가 시방 이백 데나리온 어치나 보리떡을 사
다가 믹이라는 말씀이다요?"

38 "지비들은 시방 떡을 몇 개나 꼼쳐두고 지시오? 가서
함 얼매나 있는지 알아보고 오씨오."
이리저리 물어보니
"보리떡 다섯 개와 물괴기 두 마리가 전부인디요."
그라듬마.

39 올체, 그 정도면 충분하재 싶어 제자들에게 몽조리 푸

땅금 땅거미 **앙그다** 앉다 **볼써로** 벌써 **꼼치다** 몰래 숨기다

른 초원 우게 앙그라 하셨재.
40 군중이 떼거리로 앙겄는디 백 명씩, 오십 명씩 쑤두룩
빽적 발에 걸거치드랑게.
41 예수께서 하늘을 우러러봄시로 축사를 하시듬만 보리
떡 다섯 개와 물괴기 두 마리를 떼어 노나주기 시작했
재.
42 웜매웜매~ 이거시 먼 일이라여, 몽씬 짜구나불게 배불
리 먹고도
43 남은 떡 조각이랑 물괴기를 주워 모응게 열두 광주리가
차고 넘치듬마. 빰사다구를 꼬집어 봐야 쓸 일이었재.
44 떡을 먹은 남정네만도 쌔부렀는디 오천 명은 되겠듬마.

물 위를 뛰댕긴 기적

45 줄창 지대던 군중들을 집에 돌려보내는 사이 제자들
을 건너편 베싸이다로 몬츰 보내고 예수께서는 혼자
지셨는디
46 모다들 떠나보내고, 기도를 하러 산 깔끄막까지 올라
가셨재.

올체 옳다구나 **몽조리** 모조리, 모두 **걸거치다** 거치적거리다 **웜매웜매** 어머나(뜻밖의 일이 생길 때) **몽씬** 몽땅, 잔뜩 **짜구나다** 배가 터질만큼 많이 먹다 **빰사다구** 볼, 뺨 **쌔부렀다** 많다 **줄창** 줄곧 **깔끄막** 가파르고 비탈진 언덕 **모다** 모두

47 해름참에 어둑한데 배가 호수 한가운데 섰고, 예수는
혼자서 육지에 남겨지셨재.
48 문득 몰개바람이 달개들자 배가 어칠비칠거리고, 제
자들이 서투르게 노 젓는 거슬 보셨든갑서. 새벽 네
시쯤 예수께서 물 우게로 걸어오시는디 하도 잽싸서
그들을 지나쳐 갈 뻔했재.
49 제자들이 예수께서 물 위를 뛰댕기는 걸 또록또록 보
고 구신인가 놀라 비명을 질렀재.
50 그들이 예수를 보듬마 덜컥 겁을 묵은 거시재. 예수께
서 제자들을 넘게다보등만 요래 말씀하셨재.
"지비들 보러 온 거시니 놀라지들 마시오. 겁묵지덜
말고 안심하시재라."
51 배에 올라타서 다가오니 그제사 몰개바람이 그치듬
마. 제자들이 예수 따물로 소름이 돋게 놀랐재.
52 모냐치게 떡을 노나서 묵던 기적도 아적까정 깨닫지
를 못했고, 또 그럴만도 한 거시 맴이 거시기 겁나게
무심상하고 무디어 있었기 때문이재.

해름참 해거름 **몰개바람** 돌풍 **어칠비칠** 힘 없이 비틀거리는 모양 **우게** 위에 **뛰댕기다** 뛰어다니다 **또록또록** 또렷또렷 **그제사** 그때서야, 그제야 **따물로** 때문에 **모냐치게** 먼젓번에, 지난번에 **무심상하다** 무심하다

겐네사렛 방문기

53 그들은 호수를 건너 겐네사렛 육지에다 너룻배를 정박했재.

54 배에서 성큼 내리자 주민들이 예수를 단박에 알어보고 반기듬마

55 근처 동네들을 뛰댕기면서 빙자들을 요에 눕혀 델꼬와 예수가 지신다는 장터에다가 부려놓았재.

56 한핀짝 좁으장한 동네나 도회지나 농어촌 촌구석이나 어디랄데 없이 예수께서 방문하시믄 옷자락이라도 한테기 만져볼까 볼강기리고 간청들을 했재. 또 손부닥을 댄 채로 기도를 받은 사램은 몽조리 개안하게 나샀더람마.

한핀짝 광야, 외곽, 변두리 **좁으장하다** 좁고 작다 **한테기** 한번, 하나 **볼강기리다** 서성이고 기웃대다 **개안하다** 개운하다, 정상이다 **나샀다** 낫다

7장

유대인들의 전통

1 예루살렘에서 찾아온 바리사이파 사램덜, 율법학자들
이 예수와 면담을 가졌재.
2 예수의 제자 가운데 몇이 손을 안 씨치고, 부정한 손
으로 음석을 묵는 거슬 그들이 봤나배.
3 본래 바이사이파 사램덜 말고도 대개 유대인들은 조상
적부터 음석을 들기 전에 반다시 손을 씨쳤단 말이재.
4 또 점드락 일하고 장터 마당에서 돌아오면 물로 깨깟
이 씨치고 음석을 대했재. 그 말고도 지키는 거시 여럿
인디, 잔과 주발과 놋그릇도 씨쳐야 했재.
5 바리사이파 사램덜과 율법학자들이 예수께 따져 묻길
"모나창께도 그라듬마 지비 제자들은 씨치지 않은 부
정한 손으로 떡을 집어묵는 거슬 어트케 생각하시오?"
6 예수께서 몽크리고 있다가 입을 벌쌔 말씀을 하시듬마.
"자꼬 찝어싸는 소리들을 허시는디 이 내 말을 들어보
소. 이사야 선지자가 뭐라셨소? '이 백성이 입서리로만
존경하고 맴은 딴 디 있는디,
7 사램이 맹근 계명으로 교훈을 삼응게로 이들이 나를

반다시 반드시 점드락 (저물 때까지) 하루 종일 모나창께도 먼젓번에도 지비 당신, 그대 벌씨다 벌리다, 열다 찝어싸다 꼬집고 괴롭히다 입서리 입술

헛되이 예배하는구나.' 이런 말씀이 거 있잖소. 인자사
봉게 지비들을 두고 한 말씀이오.
8 지비들은 하눌님의 계명은 헌신짝처럼 땡개불고 사램
의 계명만을 고집하고 있잖소."
9 글고 이어서 말씀하시듬마.
"지비들은 전통을 지킨담서 하눌님의 계명을 메뎅이침
서 어기고 있음을 깨달아야 쓸 꺼시오.
10 모세가 이러셨재라. '지비 부모를 공경하라, 부모를 욕
하는 넘은 사형에 처해야 쓴다.' 하였는디
11 지비들은 부모한테 할 도리를 하눌님한테 이미 했으
니 다 되얐다는 이른바 '코르반'이라고 하는 말로 입
을 씨쳐불라고 하재라.
12 자기 아배나 어매에게 시방 암껏도 못해드리게 함서 말이
재라.
13 요거시야 말로 전통을 핑계 삼아 하눌님의 말씀을 맹
탕으로 땡개부는 거시 아니고 머시꺼시요. 모둑가리자
면 이뿐이 아니재라. 이런 경우가 쑤두룩빽적하재라."
14 예수께서 다시 군중을 불러모아 뭐라곤고니
15 "머시든간에 밖에서 사램 몸으로 들어가는 거슨 사램
을 드럽게 하지 못하재라. 글치만 만당간에 드러운 거

인자사봉게 이제 보니 **메뎅이치다** 메치다, 내버려 던지다 **아배** 아버지 **땡개불다** 던져버리다 **모둑가리다** 모두 모으다 **쑤두룩(빽적)하다** 넘치게 많다 **뭐라곤고니** 뭐라고 하는가 보니 **만당간에** 만약에

슨 사램 몸속에서 배깥테로 나오는 뱁이재라."
16 (없음)*
17 예수께서 군중을 뒤로하고 집으로 배삐 들어가싱게
제자들이 그제서야 비유를 설명해달라 떼쓰듬마.
18 예수께서는 떠묵게 찬찬히 말씀하셨재.
"요래 느럭느럭 깨닫지를 못하시오. 거듭 말하재만,
밖에서 몸속으로 들어가는 거슨 사램을 드럽게 하지
못하재라.
19 몽조리 뱃속에 들어갔다가 고대로 밖으로 나갈 뿐 맴
속에 파고들어 남지는 않재라."
그랑께 사램이 묵는 음석은 깨깟한 뱁이니 편히 잡숴
라 하시듬마.
20 다시 요래 말씀하시드라고.
"참말로 사램을 드럽게 하는 거시 있는디, 고거는 사
램에게서 나오는 거시재라.
21 몸 안에서 나오는 거슬 한번 세어 보잘시면 곧 사램의
맴에서부텀 솔솔 나오는 거시재라. 음행, 도독질, 살인,
22 간음, 탐욕, 악독, 사기, 방탕, 시기, 중상, 교만, 띨띨
함, 이와 같은 악한 생각들 말이요.
23 요런 몽조리 악한 거시 배깥으로 나와 사램을 드럽히
재라."

배삐 바삐 **떠묵게** 쉽고 명료하게, 알아차려 먹도록 **느럭느럭** 느릿느릿 **몽조리** 모두, 모조리 **도독** 도둑 **띨띨하다** 멍청하고 우매하다

24 예수께서 일어나 거그를 떠나 띠로 지방으로 가셨재.
한 집을 정해 들어가서 잠 꿈어지내며 쫑히 지내실까
바랬는디 또 위치가 드러나부렀재.
25 그랑께 드러운 구신 들린 애린 딸을 가진 여자가 소문
을 듣고 예수를 찾아오듬마. 정침하니 발목아래 엎드
리듬마.
26 그 여자는 그리스 시로페니키아 출신의 이방인이었재.
자기 딸내미한테 엉겨붙은 구신을 쫓채달라믄서 간청
을 올리듬마.
27 예수께서 이목을 둘러보심서 요래 말씀하셨재.
"생각 잠 해보씨오. 지비 자석들을 몬츰 배부르게 믹
여야재라. 넘의 개한테 몬츰 '아나 묵어라.' 땡개줄 떡
이 어디 남아 있겠소?"
28 여자가 뭐라곤고니
"슨상님! 참말로 올케 말씀하셨재만 상다리 아래 갱아
지들도 아그들이 묵다 흘린 찌스러기를 줏어묵고 살
재라."
29 예수께서 꾸슬리는 말에 성긋 답하셨재.
"머시기 지비 말이 백번 옳소. 싸게싸게 집에 돌아가
보씨오. 지비 딸내미가 싹 나샀을 거싱게로."

꿈다 숨다, 사라지다 **잠** 좀, 잠깐 **애리다** 어리다 **정침하다** 깨끗하다, 단정하게 하다 **자석** 자식 **몬츰** 먼저 **땡개불다** 던져버리다 **찌스러기** 부스러기 **꾸슬리다** 구슬리다, 꾀다 **싸게싸게** 빨리, 서둘러

30 여자가 도로 집에 가봉게로 아그가 침상에 눠써 있긴
한디, 구신은 금메 쫓개가고 없듬마.

귀먹은 반벙어리를 고치신 예수

31 예수께서 띠로 지방을 떠나가꼬 시돈에 들렀다가 데
카폴리스 지방을 거쳐 갈릴리 호수에 당도하셨재.
32 그때 어뜬 사램덜이 귀먹고 말이 어눌한 반벙어리를
델꼬 오듬마 예수께서 손을 엉거서 장애를 낫게 해달
라며 간청을 올렸재.
33 예수께서 군중 속에 있던 그 사램을 따로 떼어내 한적
한 뒤뜰로 가시듬마. 손구락을 그의 두 귓구녕에 넣
고, 다음엔 손에 춤을 발라 쎗부닥에 갖다 댐시로
34 하늘을 우러러 탄식을 뱉으시듬마. 그라고는 그에게
요라셨재.
"에파타!"**
무슨 뜻인고 하니 '열려라이!' 고런 말씀이었재.
35 놀랍게도 귀맹맹이가 열리고 얼었던 쎄가 풀림서 말이
맹케하게 나오더랑게.
36 예수께서는 요번참 이적을 행여 누가 알까서리, 암도
몰르게 하라심서 엄히 경계를 하시듬마.

눠써 누워 **엉그다** 얹다 **손구락** 손가락 **춤** 침 **쎗부닥** 혓바닥 **귀맹맹이** 안 들리는 귀 **맹케하다** 명쾌하다

그랄수록 유제 사램덜이 뺀지랍게 소문을 퍼트리고 난리였재.

37 사램덜은
"엄메메~. 귀머거리도 듣게 맹글고, 벙어리도 말문을 열게 맹그시요이. 하여튼지 옴성감성 베푸는 기적마다 놀라 자빠질 지경이오."
자불자불 함시로 탄복을 거듭하듬마.

* 어떤 사본에는 16절에 이런 말씀이 있재. "들을 귀가 있는 사램은 잘 들으시오."

** 에파타: '열려라!'라는 뜻의 아람어

뺀지랍다 주책맞고 약삭빠르다 **옴성감성** 오며 가며 **자불자불** 수다스럽게 술렁대며 말하다

8장

사천 명을 먹이신 기적

1 거그 어간에 잉낄어질 맹키로 많은 인파가 몰려둥게
로 끄니를 때울 음석조차 떨어졌재.
예수께서 제자들을 모태서 요래 말씀 하시듬마.
2 "이 군중이 긍게 사흘이나 항꾸네 지냈소만 입 다실 군
입거리가 떨어져 아랫배들이 홀쭉항게 어쩌끄나 짠한
마음이 드요잉.
3 만당간에 저들을 굶겨가꼬 집에 보낼 짝시면 필시 가
다가 질에서 자빠라질 꺼시 분명하재라. 저 중에는 돌
아갈 집이 홀찬히 먼 사램도 있겠고 말이재라."
4 제자들이 대답하길,
"여그는 외딴 한핀짝인디, 어써 떡을 구해와 이들을 배
불리 믹일 수 있으까라우?"
5 예수께서 입서리를 여심시로 물으셨재.
"지비들한테 시방 떡이 몇 개나 남아있소?"
"거시기 일곱 개쯤 있는디요."
대답했재.

잉낄어지다 으깨지다 **끄니** 끼니 **모태다** 모으다 **항꾸네** 함께, 같이, 더불어 **입 다시다** 먹다 **군입거리** 간식 **만당간에** 만약에 **홀찬허다** 상당하다 **한핀짝** 광야, 외곽, 변두리 **어써** 어디에서 **입서리** 입술 **지비** 당신, 그대

6 예수께서 저금저금 섰던 무리를 핑- 하니 모태시듬마
땅부닥에 앙그게 하시듬마. 떡 일곱 개를 손부닥에 올
려놓고 감사 기도를 바치셨재. 그라고는 떼듬마 제자
들한테 노나 가지그라 하셨재. 첨엔 짜웃짜웃허다가
시키는 대로 행했재.
7 어써 살푼살푼 작은 물괴기도 여러 마리가 나왔재. 예
수께서 이도 손에 들고 축복하셨재.
8 그라자 군중이 몽조리 운이 달아서 배부르게 묵고도
남은 조각을 싹 모태봉게로 일곱 광주리나 되더랑게.
9 웍적벅적 노나 묵은 수가 금메 거즘 사천 명은 되었나
배. 예수께서 군중을 고만 흩어지게 명하신 다음에
10 제자들과 달마누타 지방으로 가는 배편에 후딱 올라
타셨재.

기적과 바리사이파 사램덜

11 바리사이파 사램덜이 달려 나오듬마 매랍시 예수를
숭보고 떠보듬마. 하늘로부터 오는 기적을 저저이 저
꺼봐야 믿겠다문서 약을 살살 올렸재.

저금저금 따로따로 **앙그다** 앉다 **짜웃짜웃** 갸웃갸웃 **살푼살푼** 소리도 없이 살살 **몽조리** 모두, 모조리 **운이 달다** 맛이 달고 좋다 **웍적벅적** 시끌벅적하다, 시끄러울 정도로 많이 **금메** 글쎄, 그러니까 **매랍시** 이유 없이, 괜히, 공연히 **저저이** 작게 **저꺼다** 겪다, 경험하다

12 예수께서 맴 깊이 통탄해하심서 또록또록 말하셨재.
"아따 징하게 거시기한 세대요. 그저 기적이나 바라는
세대에 보여줄 징조는 내 따로 염사없소."
13 당장 그들을 떠나 배를 타고 건너편으로 가셔부렀재.

누룩을 조심하라

14 어세부세 서두른 통에 입 다실만한 떡 덩어리를 집어
오지 못해서 배 안에 고작 떡 한 덩어리뿐이었재.
15 예수께서 어리떨떨한 제자들에게 요래 가르치셨재.
"바리사이파 사램덜의 누룩과 헤로데의 누룩을 각별
히 조심들 하씨오."
여팡 주의를 주셨는디
16 제자들은
"지금 그거이 문제가 아니라 떡이 모자르단 말씀이여라
우."
걱정이 태산이었재.
17 예수께서 알아보시고 요래 말씀하셨재.
"아따 떡이 없다고 그리 힘알탱이들이 없으시오? 입때
껏 알지 못하고 깨닫들 못하시오? 차말로 생각들이 둔
하시오.

염사없다 생각이 없다 **어세부세** 부스스 **어리떨떨하다** 어리버리하다 **여팡** 아주, 대단히 **힘알탱이** 힘 **입때껏** 이제껏, 이때까지

회개

18 눈이 있는디 알아보지 못하며 귀가 있는디도 알아듣
지 못하시오. 기억조차 으째 갸울갸울하시오?
19 모냐치게 떡 다섯 개를 오천 명에게 노나줄 적에 남은
광주리가 몇 광주리였재라?"
그들이 목소리를 높였재.
"거시기 열두 광주리였재라."
20 또 이르셨재.
"떡 일곱 개를 사천 명에게 노나줄 적에는 남은 광주
리가 또 몇 개였소?"
묻자 그들이 대답했재.
"거시기 그땐 일곱 광주리였재라."
21 예수께서는
"예말이요, 성님 동상님덜 아적까지 무슨 뜻인지 못 알
아 잡수셨소?"
하고 말씀하셨재.

베싸이다의 소경

22 예수 일행이 가닿은 곳은 베싸이다였는디, 사램덜이
앞 못보는 소경 하나를 델꼬 오듬마 예수께 손부닥을
대어 고쳐달라 청했재.
23 예수께서 소경의 손을 잡으시덩만 동네 바깥으로 데

갸울갸울하다 위태롭게 기울고 막막해지다 **예말이요** 이보시오, 여보세요

리고 나갔재. 소경의 두 눈에 춤을 바르고, 손을 엉근
다음에 물었재.
"지어내지 말고, 시방 지비 눈에 머이 한 개라도 보이시
오?"
24 그러자 눈이 열림시로 주를 우러러보듬마.
"지드런하게 낭구 같은 거시 보이는디, 걸어댕기는 거
슬 보아 대찮아 사램인갑소야."
25 예수께서 다시 소경의 두 눈에 손을 대싱게 눈이 밝아
짐시로 몰그럼허게 만물이 똑떽히 보였재.
26 예수께서 그 사램을 집으로 돌려보내면서 당부하셨재.
"행여 동네로는 들어가지 마씨오."
그랬재.

베드로의 고백

27 예수께서 제자들과 항꾸네 필립보와 가이사리아 지방
마을들을 방문하려고 질을 떠났재. 가던 질 도중에 제
자들한테 요래 물었재.
"지비들은 지를 누구라고 생각하시오?"
28 제자들이 실쩍실쩍 들은 야그를 하듬마.
"넘들은 세레 요한이다, 엘리야다, 예언자 중에 한 사

춤 침 **엉그다** 얹다 **지드랗다** 기다랗다 **낭구** 나무 **대찮다** 대단찮다, 보란 듯이 쉽게 하다 **몰그럼허다** 물그스름하다 **실쩍실쩍** 슬쩍슬쩍

물에 빠진 베드로

램이라고 그랍디다잉."
29 "아니 지비들은 지를 누구라 생각하고 지시오들?"
물으싱게 베드로가 우뚝 나서듬마.
"슨상님은 메시아 그리스도재라."
30 그라자 예수께서는 본인에 관한 야그는 아무한테나
하지 말아달라 잡두리를 하셨재.

수난에 대한 첫 번찌 예고

31 사램의 아들이 솔찬한 고난을 받고 원로들과 대사제
들, 법기술자들에게 정죄를 받아 그들의 손에 죽었다가
사흘만에 도로 살아날 거슬 제자들에게 갈채주셨재.
32 숭키지 않고, 드러내놓고 이런 예언을 하싱게 베드로
가 예수를 붙들듬마 절대 그런 일이 생기면 안된담서
길길이 뛰었재.
33 그러자 예수께서 제자들을 둘러봄서 베드로에게 배락
같이 꾸지람을 하셨재.
"사탄아! 썩 물러가시오. 성님은 도대체 하늘님의 일
은 안중에도 없고 사램의 일만 생각하시오?"
34 예수께서 군중과 제자들을 몽조리 모태듬마 요래 갈
치셨재.
"나를 따를라는 사램은 자기를 버리고, 자기 십자가를

야그 이야기 **잡두리** 잡도리, 단속 **솔찬하다** 많다

지고 따라야쓰요.

35 자기 목숨을 살릴라고 함사 잃을 거시재만 나와 복된 말씀 땜새 자기 목숨을 잃게 되불믄 반다시 하늘이 살려낼 거시재라.

36 사램이 만당간에 온 천하를 얻는디도 지비 목숨을 잃어불면 뭔노무 유익이 될 꺼시오?

37 사램 목숨을 대차나 그 어뜬 머시기랑 바꿀 수가 있단 말이요.

38 이 세대는 절개라곤 내삐리고, 방탕함서 죄만 쌓고 있재라. 나를 션찮하게 여기고, 복된 말씀도 값없이 친다면 사램의 아들이 아부지의 영광에 휩싸여가꼬 거룩한 천사들이랑 돌아올 적에 반다시 요두새를 골라 부끄럽게 내치실 꺼시오."

함사 하면 대차나 과연 내삐리다 내버리다 요두새 말만 해대고 행실이 미덥지 못한 이

9장

예수 변모 사건

1 예수께서 그들한테 또 말씀하셨재.
“분맹코 말씀드리는디, 여기 섰는 양반들 중에 말이
오, 죽기 전에 하늘님 나라가 권능으로 펼쳐지는 거슬
볼 지비들도 계실 꺼시오.”
했재.
2 엿새가 지나 예수께서 베드로와 야고보와 요한을 따
로 델꼬서는 껑중한 산으로 올라가셨재. 그들이 보는
코앞에서 몸이 변하신디
3 걸치신 옷이 말이재 시상에 어떤 마전장이도 그 맹키로
흐카고 광채가 나게끄럼 빛나게 다릴 수가 없을 거시
구마.
4 거그다가 엘리야 선지자와 모세가 항꾸네 나란히 서
가꼬 예수와 야그를 나누심서 지시드라고.
5 베드로가 예수께 조랑조랑 요래 말했재.
“랍비*시여. 우리가 딴 데 갈 거시 아니라 역서 핑생 눌
러 살고 잡소야. 역다가 천막집 셋을 지어 하나는 주

지비 당신, 그대 **껑중하다** 치솟아 높다 **마전장이** 옷감을 볕에 쬐어 희게 하는 세탁 노동자 **항꾸네** 함께, 같이, 더불어 **야그** 이야기 **조랑조랑** 이야기를 조리 있게 조근조근하다 **역** 여기

님을 모심서 우리덜이 지내고, 하나는 모세가 쓰고,
하나는 엘리야가 씀서 지낸다면 딱이겠구만이라."
6 사실 속내는 다른 제자들만치 겁에 질려 엄범부리다
가 낫내놓고 거든 소리였재.
7 바로 그때 요상한 구름이 슥 밀려오듬마 저들을 덮었
재. 구름 속에서 불각철로 울림소리가 나드랑게.
"이는 나가 사랑하는 아들잉게 너그들은 저가 하는 말
씀을 맴에 지피 새기고 들어라이."
8 옴모메 함서 두려워 사방을 둘러보니 암도 안 보이고
그저 예수와 즈그들뿐이었재.

엘리야와 요한

9 그들이 산에서 내려오는디, 제자들에게 예수께서 아조
경계를 하시듬마.
"사램의 아들이 죽었다가 도로 살아날 날까정 지비들
이 아까참에 본 거슬 누구한테도 발설하지 마시요잉."
노래봄시로 당부를 허셨재.
10 긍게로 이 말씀이 먼 말씀인지 재끼재끼 궁금증이 쌓
여 수군댔재.
죽은 자 가운데서 살아나는 거시 뭔 뜻일까 하고

엄범부리다 얼버무리다 **낫내놓다** 드러내다 **불각철** 갑자기 **너그** 너희 **옴모메** 어머나 **노래보다** 노려보다 **재끼재끼** 켜켜이, 층층이

11 예수께 여쭙는디,
"슨상님. 율법학자들은 엘리야가 몬츰 와야 한답디다
마는 고거이 어찌케 된 일이까라우?"
12 예수께서는 요래 자근자근 답하셨재.
"엘리야가 몬츰 와가꼬 바로잡는다는 거슨 맞는 말씀
이재. 글고 성서에는 '사램의 아들'이 많은 고난을 받
고 쥐뜯김서 모욕을 당하리라고도 했재라.
13 지비들한테 말해두는디, 엘리야가 폴새 시상에 왔고,
사램덜이 즈들 멋대로 그분에게 함부로 막대했재라."
14 저희가 산에서 내려와 제자들 있는 곳에 당도하니 쑤
두룩한 무리가 둘러싸고 제자들과 율법학자들이 입씨
름을 하고 있었재.
15 예수를 보자 무리가 옴짝 놀래가꼬 앵개듬서 인사를
올리듬마.
16 예수께서 물으셨재.
"지비들은 시방 어짠 일로 율법학자들과 다투고 그라
시요?"
17 군중 가운데 하나가 대답했재.
"슨상님. 지가 아들이 하나 있는디 구신이 들려 말문
이 막히게 되었재라. 고채볼라고 슨상님께 데려온 거
신디

몬츰 먼저 **자근자근** 조근조근 **쥐뜯다** 쥐어뜯다 **폴새** 벌써, 이미 **쑤두룩(빽적)하다** 많다 **옴짝** 오므리다 **앵기다** 안기다

18 구신이 아들에게 들어오면 아들이 고꾸라져 버큼을
흘리고 이를 갈다가 사지가 빳빳해짐서 숨이 끊어질
지경이 되야라. 지가 슨상님의 제자분들한테 구신을
쫓아달라 부탁을 혔는디 제자분덜이 생짜라서 뜻대로
안됐재라."
19 예수께서 뭐라곤고니
"참말로 믿음이 한테기도 없고 뻔뻐드름한 세대요. 내
가 지비들과 얼매나 오래 같이 지내며, 또 이 어수선한
난리통을 참아야 쓰까 생각하믄 애간장이 싹다 녹소.
그 아픈 아들내미를 나한테 델꼬와 보씨오."
20 그랑게로 가찹게 아그를 델꼬 왔재. 구신이 예수를 보
등마는 곧바로 아그를 시켜 경련을 함서 땅부닥에 떼
구그르 뒹글듬마 버큼을 뿜게 맹글드랑게.
21 예수께서 그 애비에게 물었재.
"지비 아그가 요러케 된 거시 그랑께 얼매나 되얐소?"
하고 묻자 애비가 대답했재.
"아조 어릴 때부텀 시낭고낭험서 이랬써라."
22 "구신이 애를 잡을라고 불구덩이에 쑤셔넣고 강물에
도 집어넣었재라. 지발 인자라도 할 수만 있담사 우리
한테 주님께서 자비를 베풀어주시쇼잉."

버큼 거품 **생짜** 초보 **뭐라곤고니** 뭐라고 하는가 보니 **한테기** 한번, 하나
뻔뻐드름하다 불순종하다, 고분고분하지 못하다 **가찹다** 가깝다, 가까이
시낭고낭허다 시름시름 앓다

23 “예말이요. ‘할 수만 있담사’가 뭔 말이다요? 믿는 사램
에게는 안될 일도 없고 못할 일도 없는 뱁이재라.”
그라자
24 아그 아배가 뗄삭 큰 소리로
“지는 참말로 확실히 믿구만이라. 혹시나 믿음이 부족
해부러도 지발 우덜을 살려주시랑게라.”
간청을 하드랑게.
25 예수께서는 무리가 달라들어 모이는 거슬 보시고, 드
러운 구신에게 지청구를 하셨재.
“벙어리를 맹글고 귀를 먹게 맹글어 괴롭히는 이 숭악
한 구신아. 내 말을 똑뗵히 들어라. 그 아그에게서 썩
나와 두 번 다시는 들어가지 말그라.”
혼꾸녁을 냄서 꾸짖으셨재.
26 구신이 외동사니치듬마 아그를 몹시 떨게 맹글다가
쫓겨 나가더라고. 아그가 숨이 꼴까당 넘어간 듯 죽은
모양잉게 사램덜이 보덩만 ‘죽었나배.’ 그라드라고.
27 예수께서 손을 붙잡아 일으키싱게 낯부닥이 달부데해
짐서 뽈깡 일어서듬마.
28 집에 도로 들어가자 제자들이 가만히 여쭀재.
“슨상님. 어찌케 했간에 저희들은 그 구신을 몰아내지
못했으까라우?”

예말이요 이보시오, 여보세요 **뗄삭** 매우, 아주 **지청구** 꾸중 **외동사니치다** 소리를 지르다, (널리) 외치다 **낯부닥** 얼굴 **달부데해지다** 달보드레하다 **뽈깡** 불쑥, 대번, 벌떡

29 그러자 예수께선
"기도하지 않고서는 요런 종류의 구신이 나갈 수 없
재라."

두 번찌 수난 예고

30 예수 일행이 그곳을 떠나 갈릴리 복판을 지나가는디,
암도 몰랐으면 해서 입단속을 부탁했재.
31 기간동안 제자들을 따로 지푸게 갈치시고,
"사램의 아들이 체포돼 저들 손에 냉개져 죽임을 당하
고, 죽었다가 사흘 만에 도로 살아날 거시재라."
누누이 그라고 알리셨재.
32 글치만 제자들은 묻기도 까깝스럽고 또 고 내용이 뭔
가닥인지를 짐작도 못했재.
33 그들이 가파르나움 동네에 도착했재. 질에서 제자들
사이 다툼이 생겼는디 숙소에 도착해 예수께서 씹씰
하게 물으셨재.
"지비들은 질에서 무슨 사정으로다가 툭탁거리셨소?"
34 제자들은 질에서 누가 젤 높은 자리에 오를라는지 서
열 문제로 다툰 땜시, 저간 사정을 고스란히 말씀드리
기가 영판 옹색했재. 그래서 입서리를 속으로 깨물고만
있었재.

짚다 깊다 냉개주다 넘겨주다 까깝스럽다 답답하다 씹씰하다 씁쓸하다

35 예수께서는 자리에 앙그듬마 열두 제자를 가찹게 뽀
짝 앞으로 부르셨재.
"첫찌가 되고자 하는 사램은 꼴찌가 돼야 쓰재라. 뫼
시고 섬기는 사램이 되어야 쓸 거시란 말이재라."
말씀하신 뒤에
36 쩌그서 어린 아그를 한 명 델꼬 오시듬마 앞에 세우
고, 아그를 안으심서 제자들에게 요래 이르셨재.
37 "내 이름으로 요런 어린 아그 하나를 영접하면 곧 지
를 영접하는 거시재라. 또 지를 영접하면 지를 이 시상
에 보내신 하늘님을 영접하는 거시고라."
38 요한이 예수께 여쭙길,
"슨상님. 우리들 일행이 아닌 어떤 사램이 슨상님 이름
을 들어 구신을 쫓아내는 광경을 보았재라. 우리를 따
르지도 않음서 그라길래 후재는 그라지 못하도록 막
았지라. 이를 어찌케 생각하세라?"
39 예수께서 이르셨재.
"하이고, 그냥 냅두고, 말리지 말재 그라셨소. 내 이름
으로 기적을 행함시로 살믄서 역불로 비방을 늘어놓
지는 못할 거실틴디라우.
40 우리덜에 대해 어깃장을 놓지 않음사 우리를 지지하
는 사램이 아니겄서라?

영판 많이, 아주, 대단히 **입서리** 입술 **뽀짝** 가까이 **후재** 나중, 훗날 **역불로** 일부러, 반대로

41 분명코 말씀드리는디, 지비들이 그리스도에게 속한 사
람이라믄서 맹물 한 그륵이라도 드시라고 내미는 사램
이 있담사 반다시 하늘에서 존 상을 받을 거시재라."

죄의 유혹

42 "또 나를 믿고 따르는 한없이 낮고 보잘 것 없는 사램
덜 중에 혹시나 누구라도 죄짓게 맹근다믄 일찌거니
연자 맷돌을 목에 매달고 바닷물에 뛰어들어 자진하
는 팬이 차라리 나슬 꺼시오.
43 만당간에 지비 손이 죄를 짓게 맹근다면 그 손을 씨언
하게 찍어 내버리씨오. 두 손 멀쩡한 채로 꺼지지 않는
지옥불에 들어갈람사 불구자로 영원히 복된 생명을
얻는 팬이 낫재라.
44 (없음)
45 만당간에 지비 발이 지비를 죄짓게 맹근다면 그 발을
찍어버리시오. 절뚝발이로 영원한 생명을 얻는 팬이
두 발로 걸어 지옥에 떨어짐보다 낫지 않겄소.
46 (없음)
47 만당간에 지비 눈이 지비를 죄짓게 맹근다면 빼어 내
삐려야재라. 애꾸눈으로 하늘님 나라에 들어가는 팬

그륵 그릇 **씨언하다** 시원하다 **만당간에** 만약에 **내삐리다** 내버리다

이 두 눈을 뜨고 지옥불에 뛰어듬보다 낫재라.
48 지옥은 구더기도 불에 타서 죽지 않고, 불이 제갈제갈 아조 꺼지지 않는 곳이재라.
49 누구라도 몽조리 불길에 녹아 소금에 절여질 거시재라.
50 소금은 조은 거시재라. 만당간에 소금이 그 맛을 잃으면 뭘로다가 그 소금을 짜게 도로 맹글 꺼시오. 지비들 맴속에 소금 단지를 두어 맛이 간간하고 화목하게들 잘 살으셔야재라."

* 랍비: 현인, 선생님을 가리키는 말

제갈제갈 자글자글 잘 타다 **몽조리** 모두, 모조리

10장

결혼과 이혼

1 예수께선 걱서 떠나 유다 지방과 요르단 강 건너짝으
로 가싱게 또다시 군중이 몰려들 왔재. 모냐치게 맹키
로 가르치셨재.
2 바리사이파 사램덜이 와가꼬 예수를 떠봄서 시비를
걸며 묻듬마.
"남편이 즈그 마누래를 내삐리고 살면 고거이 옳겠소?"
3 예수께서 고물거리시다가 대답을 했재.
"모세 선지자는 워짜라고 지비들한테 일렀습디여?"
4 "이혼장을 써줌서 마누래랑 헤어지는거 까정은 허락
이 되었습디다."
5 그라자 예수는 요로케 이르셨재.
"모세가 그리한 거슨 지비들이 하도 맴이 삐족하고 앵
꼴징게로 그런 법을 제정했던가 싶소만.
6 천지 창조때부터 하눌님은 사램을 남자와 여자로 맹
글어
7 사램이 부모를 떠남과 동시에

걱서 거기서 **모냐치게** 먼젓번에, 지난번에 **내삐리다** 내버리다 **고물거리다** 느리게 행동하다 **워짜라고** 어쩌라고 **삐족하다** 뾰족하다 **앵꼴지다** 오기가 많고 심술궂다

8 그 둘은 어찌케든 한 몸띵이가 되는 법이재라. 그들은
인자 둘이 아니고 한몸잉게,
9 하눌님이 짝을 맺어주신 거슬 사램이 일부러 갈라지
게 맹글면 못쓰재라."
10 거처하는 숙소에서 제자들이 이 야그를 도로 꺼내드
랑게. 긍게 요래 또 말씀을 보태시듬마.
11 "자기 마누래를 놔두고 딴 데서 장개를 가불면 그 여
자랑 간음하는 거시 되겠재라.
12 반대로 마누래가 남편을 어따 땡개불고 딴 디로 시집
을 가불면 그도 간음하는 꼴이 되겠재라."

어린 아그들과 예수

13 "사램덜이 어린 아그들을 예수께 델꼬와서 손부닥을
엉거 축복 기도를 해달라 청하는디 제자들이 귀찮어
가꼬 막 나무래며 쫓았나배.
14 그랑께 예수께서 뿔딱지가 나셔가꼬 제자들에게 지청
구를 하시듬마.
"음마 그남동 아그들이 찾아와 좋았는디, 왜들 내게
오는 거슬 가로막고 그라시오. 하눌님의 나라는 요런
어린 아그와 같은 사램덜의 차지란 말이요.

장개 장가 **땡개불다** 던져버리다 **뿔딱지** 화딱지 **음마** 어머나 **그남동** 그나마도

15 분명코 말씀드리는디, 누구든지 어린 아그들 맹큼 순
수한 맴으로 하눌님 나라를 받아들이지 않음사 결단
코 그 나라에 들어가지 못할 꺼시오."
16 그라심서 아그들을 덥석 안으시듬마. 머빡에 손을 엉
거 다들 축복을 해주시고 말이재.

부자 청년-낙타와 바늘귀

17 예수께서 질을 다시 떠나시는디 한 사램이 달음박질
쳐 오듬마. 물팍을 꿇고 요래 여쭙드랑게.
"선하디 선한 슨상님. 제가 어트캐야 영생을 얻게 될까
라우?"
18 예수께서는 요래 대답하시듬마.
"왜 나를 선하다고 그라시오? 선한 양반은 하눌님 오
직 한 분뿐이시재라.
19 '넘을 죽이지 마시오, 간음하지 마시오, 도독놈이 되지
마시오, 거짓깔로 증언하지 마시오, 넘을 속이지 마시
오, 부모를 공경하시오.' 머시기 이런 계명들을 지비도
일찌거니 들어 알고는 지실 거시재라."
20 그 사램이 말을 끊듬마는
"슨상님. 지가 몽조리 그 계명들을 지키고 살아 왔당게
라."

머빡 머리 **물팍** 무릎 **거짓깔** 거짓말 **몽조리** 모두, 모조리

어린이 축복

21 예수께서는 그 사램을 아즘찮게 보시덩만 요래 말씀
하시듬마.
"근디 지비는 한가지 딱 부족한 거시 있소. 가서 지비
가 가진 재산을 싹 다 폴아 가난한 사램덜한테 노나
주시오. 글믄 하늘에서 갑절의 보화가 지비에게 내려
질 거시오. 일단 내가 시키는 이것부터 하고, 냉중에
나를 따라와도 늦지 않을 틴디라."
22 그라자 가진 재산이 솔찬한 그는 말씀을 쭉 듣다 짜
부러지듬마. 오메메 근심함서 시들푼해져가꼬 눈깔을
궁글리다가 내빼불더랑게.
23 예수께서 제자들을 둘러보시듬마 요래 이르셨재.
"재물이 많으면 하늘님 나라에 들어가기가 차말로 어
려운 뱁이재라."
그라자
24 제자들이 솔찬이 꾸적꾸적 놀라드랑게.
"하늘님 나라에 들어가기란 참으로 어려운 뱁인 거시,
25 부자가 하늘님 나라에 들어가는 것보다 낙타만한 새
내끼줄이 바늘귀로* 빠져나가는 팬이 헉심 소라울 지
경이오."
26 제자들이 오메메 함시로 겁내드랑게.

아즘찮다 미안할 정도로 대견하다 **폴다** 팔다 **냉중** 나중 **솔찬하다** 많다 **오메메** 어머나 **시들푼하다** 기운이 빠져 시들시들하다 **내빼다** 도망치다 **꾸적꾸적** 표정이 구겨지는 모양 **새내끼줄** 새끼줄, 짚으로 꼰 굵은 줄 **헉심** 훨씬 더, 충분히 **소랍다** 쉽다

"가사 그란다치면 구원받을 사램이 도대체 시상에 얼
매나 있겄어."
궁시렁거리드랑게.
27 예수께서 제자들을 똑떽히 보시듬마 말씀하셨재.
"사램의 열심으로 되는 거시 아니고 하눌님 뜻대로 되는
거시재라. 하눌님께서 못하실 일이 대관절 어딨겠소."
그라셨재.

백 배의 상

28 그때 베드로가 볼가져서 거들듬마.
"주님도 아시재만 우리는 아조 몽조리 머시기를(재물
을) 땡개불고 슨상님을 따랐지라."
29 예수께서는 요래 이르시덩마.
"분명코 말씀드리는디, 누구든지 나를 위하고 복음을
위해 집이나 성제나 자매, 부모나 자석들이나 땅과 재
물을 버린 사램은
30 현생에 박해를 받겠지만, 후재는 집과 성제와 자매와
부모, 자석들과 땅뙈기의 복을 백 배로 받을 거시고,
내세에서는 영원한 생명을 얻게 될 거시오.
31 근디 첫찌가 꼴찌가 되고, 반민에 꼴찌가 첫찌가 되는
경우도 솔찬할 거시오."

볼가지다 튀어나오다, 나타나다 **후재** 나중, 훗날 **땅뙈기** 토지

수난 예고

32 예수 일행이 예루살렘으로 올라가는 질이었재. 몬츰
예수께서 앞장서 가시고, 꼴랑댕이로 가던 제자들은
어리둥절했재. 뒤를 따르던 무리들도 꾸무럭항가 불
안해들 하더라고. 그라자 예수께서 열두 제자를 불러
장차 벌어질 일을 조르라니 예언하드랑게.
33 "우리가 시방 예루살렘으로 올라가는 질이재라. 걱서
사램의 아들은 대사제들과 율법학자들의 손에 냉개져
사형 선고를 받고, 이방인들 손에 내삐러둘 거시재라.
34 그라면 그들이 사램의 아들을 끄슥어내려 기언치 능
욕하고, 춤을 뱉고, 채찍질을 하다가 종내는 숨을 끊
어놓을 거시재라. 하지만 그래봤자 소양없소. 지가 사
흘 만에 도로 살아날 거싱게로. 지비들이 이를 보게
될 꺼시오."

섬김과 권세 욕망

35 제베대오의 두 아들 야고보와 요한이 예수께 다가와
요라드라고.

몬츰 먼저 **꼴랑댕이** 꼬리, 꼴찌(=꼬랑지 끄터리) **꾸무럭하다** 어둡다 **조르라니** 차례대로 **냉개주다** 넘겨주다 **내삐리다** 내버리다 **끄슥어내리다** 끄집어내리다 **기언치** 기어이, 어김없이 **춤** 침 **소양없다** 소용없다

수난 예고

"슨상님. 지들이 소원이 한 개씩 있는디 꼭 들어주시기를 바라는구만이라."

36 "허허, 지비가 원하는 소원이 머시다요?"

37 그들이 여짭기를

"슨상님께서 영광스런 자리에 인자 앙게 될 꺼신디요. 그라믄 우리들 중 벼슬자리를 노랑창으로 하나는 주님 오른핀짝에, 또 하나는 왼핀짝에 앙거 다스리게 해 주신다면 으짜쓰까라?"

38 예수께서 말하는 꼴싹을 보듬마 대답하셨재.

"지비들이 주정없는 소리를 하시구만이라. 지비들이 시방 내가 마시는 잔을 마시고 내가 받아불 고난의 세례를 따라서 받을 수 있겠소?"

물으셨재.

39 저들이 옆사댕이로 붙어 아양을 떰서,

"아따 슨상님. 자리만 한자리 딱 주심사 저희들이 머슬 무서워가꼬 못할 거시요잉."

그라자 예수께서 요래 말씀 하시듬마.

"지비들도 내가 마시는 잔과 받을 고난의 세례를 받기는 할 꺼시오.

40 글치만 내 오른핀짝이나 왼핀짝 자리에 앙거서 작장작장 할 특권은 내가 주는 거시 아니재라. 그런 자리

노랑창 노른자, 요직 **꼴싹** 꼬락서니 **주정없다** 주제넘다 **옆사댕이** 옆구리 **앙그다** 앉다 **작장작장** 짝짜꿍짝짜꿍

가 있담사 좌우당간 하늘님께서 진작에 정하시지 않았겠소?"

41 요 야그를 나머지 열 제자가 듣덩만 야고보와 요한한테 '요런 조사불 것들이.' 함서 모다들 성을 내듬마.

42 예수께서 그들 또한 죄다 가찹게 불러다가 이르셨재라. "지비들도 내동 아시다시피 이방인들의 대리 집권자로 자처하는 자들이 우리 인민덜을 생똥빠지게 괴롭힘서 지배를 하는 중이재라. 또 정치인들은 인민덜을 권력으로 짓봅고 도루깨질이나 하고 있지 않소?

43 머달라고 저그들과 똑같을라 그라시요들. 지비들이 크고자 한다믄 한정없이 낮추고, 몬츰 섬기는 사램이 되씨오.

44 말한다치먼, 으뜸이 되고 자프면 몬츰 종살이부터 해야 쓰꺼시오.

45 사램의 아들도 섬김을 받자고 온 거시 아니재라. 아니 역불로 섬길라고 와부렀소. 또 내 목숨을 쑤두룩한 사램덜의 대속물로 치를라고 와부렀소."

가찹다 가깝다, 가까이 **내동** 이미 **생똥빠지다** 무척 힘들다(괴롭다) **짓봅다** 짓밟다 **도루깨질** 도리깨질 **머달라고** 뭐 하려고 **잪다** 싶다 **쓰꺼시오** 그래야 되겠는가 **역불로** 일부러, 반대로 **쑤두룩(뻑적)하다** 넘치게 많다

예리고의 소경

46 예수와 제자들이 예리고에 들렀다가 도로 질을 거슬
러 옹개종개 걸어가는디 솔찬한 군중이 뒤를 봅고 따
랐재. 티매오의 아들 바르티매오라는 앞 못보는 소경
에다가 그지 중에 상그지가 있었는디 질가상에 앙거
있드랑게.
47 오시는 양반이 나자렛 예수라는 소문을 들었는 갑서.
"오메메 다윗의 자손 예수시여! 지한테 지발 자비를 베
푸시어 온디간디 없이 가새불지 마시고 뽀짝 앞에 멈
촤주씨오."
쎈 소락떼기로 외동사니치드랑게.
48 '와따메, 조용히 잠 하고 살잔게라~.' 머라고 꾸짖어싸
도 뎁데꼬깔 더 씨게 소락떼기를 지르듬마.
"다윗의 자손이시여! 지한테 자비를 베풀어 주시랑게
라."
49 예수께서 걸음을 멈추시듬마 여만치 가차이 오셨재.
"저 사램을 욜로 조깐 데꼬와 보시쑈잉."
제자들이 소경을 불러 이라둥마.

옹개종개 옹기종기 **봅브다/봅다** 밟다, 걷다, 뒤를 쫓다, 괴롭히다 **소경** 시각 장애인 **오메메** 어머나 **온디간디** 온데간데 **가새불다** 가다, 떠나다 **뽀짝** 가까이 **소락떼기** 소리 **외동사니치다** 소리를 지르다, (널리) 외치다 **와따메** '왜 그러는지 모르겠다'는 표현 **잠** 좀, 잠깐 **뎁데꼬깔** 적반하장 **씨다** 세다 **여만치** 이만큼 **욜로** 여기로

"아재 아재, 용기를 가지새라. 주님이 부르싱게로 가 봅시다잉."

50 소경이 우게다가 걸친 옷을 벗등마 뽈깡 인나드랑게. 앞이 안 보잉게로 예수의 코앞에다 면상을 들이밀드라고.

51 예수께서 보시고 짠하게 여기시듬마.

"지비는 지한테 시방 바라는 거시 머시다요?"

물으싱게로,

"슨상님, 제가 당최 앞을 못보는디, 눈까리를 옴막 뜨고 자퍼라."

52 "그라시오? 그람 질을 조깐 걸어가 보씨오. 지비 믿음이 지픈 거시 지비를 살랬소."

예수의 말씀이 떨어지자 무섭게 그 시로 소경의 두 눈이 환해져불듬마. 다들 옴모메 함서 잘급하고 물러서는디, 그 사램은 인자 예수를 뒤따라 나설라고 단단히 채비를 꾸리등마.

* 새내끼줄이 바늘귀로: (어떤 사본에는) 낙타가 바늘귀로, 여기에서는 둘을 참고하여 '낙타만한 새끼줄이 바늘귀로'

우게 위에 뽈깡 불쑥, 대번, 벌떡 짠하다 가엾게 여기다 눈까리 눈 옴막 모조리, 전부, 완전하게 잪다 싶다 짚다 깊다 옴모메 어머나 잘급하다 기겁을 하다

11장

예루살렘 입성기

1 그들 예루살렘에 가찹게 옹게, 올리브산 가찬 벳파게
와 베다니아에 이르렀는디 예수께서 두 제자를 먼비치
로 보냈재.
2 "맞은편 동네로 가보씨요. 거그 가보면 암도 탄 태죽
이 없는 새끼 나귀 한 마리가 있을 거신디, 고놈을 풀
어서 끄고 오시오.
3 만당간에 누가 뭔 일이요 물을라치면 우리 주인이 쓰겠
다 그라시오. 소랍게 어여 기냥 끌고 가시라 허꺼시오."
4 그들이 가봉게 진짜로 어린 나귀가 질가 문기둥에 뭉
꺼져 있더랑게. 곧바로 끄나풀을 살살 풀었재.
5 몬차부텀 질에 섰던 사램이 있었는디,
"고 나귀 새끼를 어따 쓸라고 그라시요?"
대차나 그라고 묻듬마.
6 제자들이 예수께서 갈캐주신대로 말을 항게 그라시람
서 더는 암말 않등마.
7 나귀 새끼를 예수께로 짤짤 끌고 왔재. 입던 겉옷을
나귀 등때기에 깔등만 예수 저트로 가서 타시라고 권
했재.

가찹다 가깝다, 가까이 **가찬** 근처 **먼비치** 먼발치 **태죽** 흔적, 자취, 내력

8 모다들 군중이 제 걸친 옷을 벗등마 질에다가 깔드랑
게. 또 더러는 종려낭구 가지를 꺾어 질에다 깔기도
함서 말이재.
9 (나귀를 타고) 앞서 가싱게 뒤를 쫄쫄 따르던 군중들이
환호성을 오살나게 질렀재.
10 "호산나! 주의 이름으로 오시는 양반이시여. 찬송받으
셔라잉! 우리 조상 다윗의 나라가 임항게로 만세를 부
르장께. 젤 높은 하늘에서부텀 호산나!"
11 예수께서 예루살렘에 당도해 성전에 들어갔재. 깔끄
막 주변을 둘러보듬마 해가 저뭉게 열두 제자를 델꼬
베다니아로 가셨재.

저주받은 무화과낭구

12 이틀날이 됭게 아적밥도 안 묵고 그들이 베다니아에서
나오는 질이었재. 으짜사쓰까 예수께서 시장하셨던
모냥이라.
13 잎사구가 퍼렁게 달린 무화과낭구를 보샜는가 낭구에
게 가차이 가 훑터보시는디, 잎사구 말고는 달린 거시
아예 없드랑게. 무화과 철이 아니었나배.
14 예수께서 그 낭구를 향해 이러케 말씀하시듬마.

만당간에 만약에 소랍다 쉽다 뭉끄다 묶다 몬차 먼저 대차나 과연 낭구 나무 오살나다 심하다 깔끄막 가파르고 비탈진 언덕 아적밥 아침밥

성전 정화

"인자부텀 니는 시낭고낭허다가 영원히 열매를 맺지 못할틴디, 암도 니 열매를 따묵지 못할 거시여."
음마 저주를 내리시듬마. 제자들 귀에도 들리게끔 말이재.

성전 정화 소동

15 그들이 예루살렘 도성에 들어갔재. 예수께서 성전에
들어가듬만 사고팔던 상인들을 쫓아내불고, 환전상
들 탁자를 어푸고 땡개불고, 번제물 삐둘구 장수들이
앙근 의자를 들어 뿌사불었는디, 일대 소동이 일어나
부렀재.
16 또 물건 짐짝들을 옮기는 일꾼들로 우세두세하던 성
전 뜰을 못다니게 출입을 막으시듬마.
17 그람서 군중이 우- 하게 몰려등게로 요라코롬 갈치시
듬마.
"성서에 써 있기를, '내 집은 만민이 기도하는 집이요.'
했재라. 근디 지비들이 그간에 도독놈이 입 다시는 소
굴로 진창만창 얼척없이 맹글어부렀소."

시낭고낭허다 시름시름 앓다 **땡개불다** 던져버리다 **삐둘구** 비둘기 **앙그다** 앉다 **뿌사불다** 부서뜨리다, 허물다 **우세두세하다** 수선거리다 **요라코롬** 이렇게 **지비** 당신, 그대 **입 다시다** 먹다 **진창만창** 엉망진창 **얼척없다** 어이없다

18 대사제들과 율법학자들이 듣등마 예수를 하여튼간에
죽여야 쓴다고 이를 갈았재. 군중들이 예수의 가르침
에 넋을 빼고 들음시로 감탄들항게 속으로 겁이 나서
쫄았나배.
19 날이 저물자 저들이 몽주리 성 밖으로 나갔재

믿음의 심

20 그들이 아적참 지나갈 적에 무화과낭구가 뿌리부텀
말라분 거슬 보고
21 베드로가 문득 생각을 함시로
"슨상님. 저거 조깐 보시랑게요. 저주하신 무화과낭구
가 바싹 말라부렀구만이라."
22 예수께서 제자들한테 말씀하셨재.
"하늘님을 믿으씨요.
23 분맹코 말씀드리는디 우야동간 의심을 품지 말고, 이
산더러 '번쩍 들래가꼬 바다에 빠져라.' 하드라도 말씀
대로 믿기만 함사 그대로 이루어질 꺼시오.
24 그랑께 지가 지비들헌티 작씬 말씀드리는디, 대차나
기도하고 구하는 거슨 몬츰 받은 줄로 확실허게 믿으
시오. 종내는 몽조리 다 이루어져 제 차지가 되겠재라.

몽주리 모두, 모조리 **아적참** 아침 **우야동간** 일이 어떻게 되더라도 **함사** 하면 **작씬** 매우 **대차나** 과연 **몬츰** 먼저

25 *지대로 기도할 적에 딴 누구랑 등지고 원수되어 살고
있다면 몬츰 히딱히딱 용서부터 하새야 쓰재라.
그래 부러야재 하늘에 지신 아부지도 지비들의 지라
껄 잘못부텀 용서해주실 꺼시 아니오."
26 (없음)

권한 논쟁

27 저들이 재차 예루살렘에 들어갔재. 예수께서 성전 뜰
을 살래살래 거닐고 있는디
대사제들과 율법학자들, 원로들이 가찹게 다가오듬
마 입을 벌쌔 이랬재.
28 "지비는 어써 권한을 받아가꼬 백성들을 갈치고 댕기
는 거시요? 대체 누가 그런 굉기한 권한을 지비한테
줬소?"
29 그라자 예수께서 요래 답하셨재.
"나도 지비들한테 함 물어보고 잡소. 지비들이 내 질
문에 대답을 하면 내가 어떤 권한으로 요래 일들을 하
는지 알캐드리께라이.
30 세례자 요한이 세례를 베푼 거슨 하늘이 하라고 해서
그랬겠소? 아니면 사램에게서 명을 받아 한 일이다요?

히딱히딱 변덕을 부리며 몸을 뒤트는 모양 **벌씨다** 벌리다, 열다 **지라껄** 별것 아닌 것 **어써** 어디에서 **굉기하다** 우연히 발생한 일이 기이하다, 공교롭다

워디 함 대답을 해보씨오."

31 그들이 머빡을 맞대듬마.

"만당간에 하늘에서 받았다치면 어째 요한을 따라댕기재 그랬냐 하꺼시고,

32 아니담사 어뜬 사램한테서 받았냐 야다무치게 물을꺼신디…."

의논을 해봐싸도 몽조리 군중들은 요한을 참 예언자로 믿고 있응게로 군중이 또 들고일어날까 겁이 더럭 났재.

33 "영판 몰르겠소."

심드렁하게 대답하드라고. 그자사 예수께서,

"그라믄 나도 뭔노무 권한으로 요라코롬 일들을 하는지 지비들한테는 앙껏도 알캐주지 않을라요."

딱잘라 야그를 끝맺듬마.

* 어떤 사본에는 "만당간에 지비들이 넘을 용서치 않는다면 천상세계에 계신 아부지께서도 지비들의 죄를 씨차주지 않을 것이재라."

머빡 머리 야다무치다 야무지다 영판 많이, 아주, 대단히 심드렁하다 탐탁치 않다 요라코롬 이렇게 앙껏 아무것 야그 이야기 천상세계 하늘(종교적 얘기에서 쓰는 말) 씨차주다 씻어주다

12장

포도원 소작농 비유

1 예수께서 비유를 치캐 들어 그들에게 또 말씀을 전했재.
"어떤 사램이 포도원을 맹글어 울청을 둘러친 뒤에 포
도즙을 짜는 확을 파고 탑도 세웠재라. 그라고 벌씨
놓고는 소작 농부들에게 세를 줌서 타국으로 질을 떠
났재라.
2 포도 수확철이 됭게 주인이 소작 농부들에게 포도원
소출 얼매를 돌래줄랑가 알아볼라고 머심 한 사램을
보냈재라.
3 그란디 그들이 머심을 잡아 디지게 쌔래패고, 께데기
를 뱃겨 돌려보냈단 말씀이요.
4 다시 다른 머심을 또 보냈는디 낙신하게 머빡을 쳐서
시러불고, 단단히 욕을 보였등마.
5 또 다른 머심을 보냈재라. 오메 인자는 그를 죽애불
고, 또 버르지기로 졸경이질을 치다가 죽이고 그랬는
갑서.
6 몬네몬네 해싸도 설마 애지중지하는 아들 하나 있는

울청 울타리 **벌씨다** 벌리다, 열다 **머심** 사내, 일꾼 **디지다** 죽다 **쌔리다** 때리다 **께데기를 비끼다** 알몸을 만들다, 발가벗기다 **낙신하다** 흠씬, 양껏 **시르다** 쓰러뜨리다 **버르지기** 버르장머리 **졸경이질** 고문 **몬네몬네** 뭐니 뭐니

디, 저를 보내면 중재가 되고 괜춤하겠다 싶어 보냄시
로 이르기를,
"이는 나의 아들이니 이 정도 성의면 약정을 깨트리지
말으시오."
7 그럼에도 소작 농부덜이
"온냐, 드뎌 상속자가 납씬네. 이를 쌔래패 죽애불면
가업이 몽씬 우리 차지가 될 거시구만이라."
8 근디 종내 아들까지 잡아 족치다가 죽애불고, 포도원
한핀짝에다 동댕이쳐 내삐렀다재.
9 자, 일이 이르케 되불면 주인이 어찌할 거신지 감이 안
오시오? 그 소작 농부들을 싸그리 족쳐 죽이고, 포도
원을 딴 사램에게 세를 주겄재 안 글겄소?
10 그대들이 성서에서, '건축자들의 땡개분 독짝이 모퉁
이의 기둥 독짝이 되었소.
11 주께서 하시는 일이란 대개 우리 눈에 기이할 뿐이재
라.' 써진 내용을 들어본 적이 있으실 거시오."
12 이 비유를 듣자 예수가 자기들 보고 역불로 들으라 한
말씀인 줄 알아묵고, 예수를 체포할 기회를 엿보등마.
근디 따르는 군중이 쌔부러서 겁을 집어묵고 일단 내
빼듬마.

괜춤하다 괜찮다 몽씬 몽땅, 잔뜩 땡개불다 던져버리다 독짝 돌판 쌔부렀다 많다 내빼다 도망치다

카이사르 것과 하늘님 것 논쟁

13 그들은 예수의 말씀이 영판 몰뚝잖아서 군지렁거리다
가 책을 잡을라고 바리사이파 사램덜과 헤로데 당원
몇 사램을 예수께 더 보냈재.
14 그 사램덜이 예수께로 오듬마 요라고 또 여쫍드랑게.
"슨상님. 참말로 슨상님은 똑바르시고 아무나 거리낌
없시 대하시고 그런 거시 사램을 겉모양으로 판단을
않으시고 심중을 보싱게로 하늘님의 진리를 제대로
갈치신다고 즈이들은 알고 있소야. 근디 역서 한 가지
여쭤볼 거시 있소. 카이사르 황제에게 세금을 바치는
거시 옳으요, 틀리요? 바쳐야 맞소, 안 바쳐야 맞소?"
15 하이간 그 떠볼라는 드런 속내를 예수께서 눈치를 채
셨재.
"뭔나따나 나를 시험하고 그라시오. 데나리온 한 개를
욜로 줘보씨오."
16 동전을 가꼬 옹게 동전에 새개진 황제의 낯부닥을 가
리킴서
"요 그려진 초상과 글자는 누구 꺼시오?" 그라자
"카이사르 거시재라우." 답들 항게로
17 "그라면 카이사르 거슨 카이사르한테 돌려줘야 맞재라.

영판 많이, 아주, 대단히 **몰뚝잖다** 못마땅하다 **군지렁거리다** 구시렁거리다, 불평하다 **책** 흠, 잘못 **역** 여기 **뭔나따나** 무슨 일이 있다고

부활 노정

반민에 하눌님 거슨 하눌님한테 바쳐야 맞는 뱁이고라."
그들이 예수의 말씀에 한시잠시 아찍헝가 '아이고메.'
하드랑게.

부활 논쟁

18 사램이 죽어 도로 살아난다는 부활 교리를 부정하는
사두가이파 사램덜이 살금살금 오듬마 예수께 물었재.
19 "슨상님. 모세가 알캐준 율법에 봉게로 '성이 후사가
없이 마누래를 두고 죽으면 동상이 자기 성수랑 한 이
불을 덮고 자석을 놓아 대를 이어야 쓴다.' 했재라우.
20 근디 일곱 명이나 성제가 있었는디 첫찌가 자석이 없
이 죽고
21 둘찌도 성수를 마누래로 삼었는디 후사가 없이 죽고,
셋찌도 그래불고
22 일곱 명이 다 자석을 못 놓았는디 종내에 그 여인도
죽었재라우.
23 일곱 사램이 싹 그 여인을 마누래로 삼았는디, 부활하
는 날에 그들이 살아나면 고 마누래는 대체 누구 마누
래가 맞다요?"
24 예수께서 음마 똑떼기 들어라 하심시롱

반민에 반면에 **한시잠시** 잠시 동안 **아찍하다** 아찔하다 **성** 형 **성수** 형수
똑데기 똑똑히, 반듯하게

"지비들은 성서를 지피 몰르고 하늘님의 능력도 못 믿
응게 먼사 모르고 쪼시락한 생각에 빠지신 거시재라.
25 사램이 꼴짝했다가 도로 살아날 적에는 장개도 안 가
고 시집도 안 가재라. 천상세계서 사는 천사처럼 되어
불 꺼시오.
26 지비들은 모세가 쓴 '까시낭구 떨기'에 대한 글을 들
어나 보셨소? 하늘님이 모세한테 이르길, '내는 말이
여, 너그 아브라함의 하늘님, 이삭의 하늘님, 야곱의
하늘님이당께!' 하신 말씀 말이요.
27 하늘님은 죽은 자의 하늘님이 아니라 산 자의 하늘님
이라는 말씀이재라. 지비들이 영판 따룹게 지맛대로
오해들을 하고 지신 거 가트요."

첫찌 가는 계명

28 율법학자인 한 사램이 토론하는 거슬 듣자니 예수께
서 대답을 아조 땍볼가지게 하심을 알고 묻듬마.
"슨상님. 모든 계명 중에 머시 첫찌 가는 계명이다요?"
29 예수께서 실박하게 대답하샜재.
"첫찌는 요거시재라. '이스라엘아 들으라. 우리 하늘님

짚다 깊다 **먼사 모르다** 무슨 일인지 모르다 **쪼시락하다** 하찮다 **꼴짝하다** 배고프다 **낭구** 나무 **따룹다** 다르다, 엉뚱하다 **지맛대로** 제멋대로 **땍볼가지다** 불거지다, 불쑥하다 **실박하다** 성숙하다, 어른스럽다

은 하나뿐인 주님이싱게
30 니 맴을 다 쏟고 목숨도 다하고, 뜻을 다하고, 심도 다 바
채서 주님 너그 하늘님을 사랑하라.' 하신 말씀이재라.
31 둘찌는 요것인디 '지비 유제를 지비 몸뚱이 맹키로 사
랑하라.' 하신 말씀이재라.
이보다 더 큰 계명을 들어본 거시 나는 없소."
32 율법학자가 듣고 봉게
"슨상님이 시방 하신 말씀이 주옥같으시오. 하늘님은 한
분뿐이시고 다른 거시기가 없다는 말씀은 백번 올채라.
33 거기다 맴을 내고 지혜를 다하고 심을 써 하늘님을 사
랑하는 일과 유제를 제 몸뗑이 맹키로 애끼고 사랑하
는 거시 번제를 드림이나 번제물을 갖다 바침보다 낫
재라."
34 예수께서 와따메 하심서 똑똑하고 슬기 있는 대답에
흡족해 여기시듬마,
"지비는 하늘님 나라에 아조 가차운 사램이요."
그랑께 더 이상 누가 질문할라고 뎀비는 사램이 없어
불드랑게.

계보 논쟁(그리스도와 다윗 왕)

35 예수께서 성전에서 갈치실 때였재.

유제 이웃 **와따메** '왜 그러는지 모르겠다'는 표현 **가찹다** 가깝다, 가까이

"율법학자들이 그리스도가 다윗 왕의 후손이라듬마
왜 그런 말을 하는지 아시오들?
36 다윗 왕이 성령의 감동을 받아가꼬 스스로 말하기를,
'주 하늘님께서 내 주님께 이르신 말씀, 내가 지비 웬
수떼기를 지비 발 아래 굴복하게 맹글 때까정 지비는
내 오른핀짝에 앙거 있거라이.' 하셨재라.
37 다윗 왕이 그리스도를 가리켜 주님이라 했는디, 어째
서 그리스도가 다윗 왕가의 후손이어야 쓴단 말이요."
요 말에 밑바닥 출신 군중이 모다들 흐뭇해 하드랑게.

율법학자 주의보

38 예수께서 계속 갈치실 때 요로케 말씀을 또 하셨는디,
"치렁치렁한 복장을 빼입고 댕김시롱 시장통에서 인사
나 받을라는 부유한 텃주댕이들과
39 회당의 앞자리와 잔치 상석에 앙글라고 용을 쓰는 율
법학자들을 애당초 조심허씨요.
40 그들은 과부 아짐의 재물을 빼앗고, 허세로 아조 길쭉
하게 기도를 바침서 위선을 떠는 자들잉게로 심판 날
에 하늘님께서 내삐러두지 않고 아조 부애가 나서 아
작을 내실 꺼시오."

웬수떼기 원수 **앙그다** 앉다 **텃주댕이** 텃을 내민 교만한 자 **부애** 화

헌금 논쟁(과부의 헌금)

41 예수께서 헌금궤에 가찹게 앙거가꼬 군중들이 헌금궤
에 돈을 넣는 거슬 빤히 보시는디 대찮아 부자들은 돈
을 솔찬히 많이 넣더랑게.
42 지지리 가난한 과부 아짐이 나아오듬마 두 렙톤을 헌
금했재. 그랑께 고드란트 한 개 값어치 정도가 되겄재.
43 예수께서 제자들을 가차이 모태듬마 뭐라곤고니,
"참말로 분맹코 말씀드린디, 요 가난한 과부 아짐이
기암중에도 헌금궤에 솔찬한 돈을 집어넣는 거슬 똑
떽히 보셨재라.
44 모다들 묵고는 살만한 형편잉게 부담없이 헌금을 바
치재만, 요 과부 아짐은 찻독이 호리낭창 비고, 찌그럭
지나 묵는 형편임에도 제 가진 전부에 점드락이 번 실
비를 싹 다 헌금한 거시재라."
혹썩을 떠심서 찬사를 아끼지 않으시듬마.

아작 깨물어 바스러뜨릴 때 나는 소리 **대찮다** 대단찮다, 보란 듯이 쉽게 하다 **지지리** 아주 몹시, 지긋지긋하게 **모태다** 모으다 **뭐라곤고니** 뭐라고 하는가 보니 **기암중** 배가 고파 기절할 지경 **솔찬하다** 많다 **똑떼기** 똑똑히, 반듯하게 **찻독** 쌀독 **호리낭창** 호리호리 날씬하다 **찌그럭지** 찌꺼기 **점드락** (저물 때까지) 하루 종일 **실비** 생활비, 임금 **혹썩을 떠심서** 수선을 피우듯 큰 목소리로

13장

성전 파괴 예언

1 예수께서 성전을 뒤로 하고 나오신디 제자 한 사램이
망우리다 여쭙기를,
"슨상님, 조깐 보시면 저 독짝과 건물이 웅장한디 후
재는 어트게 될라는지 쪼금 알캐주세라잉."
2 그라자 예수께서 봐란디끼
"지금이사 웅장한 건물이 눈에 띠재만 후재는 독짝 하
나도 제 자리에 지대로 앙거있지 못하게끔 뿌사지고
짜울어질 꺼시오."

재난 예언

3 예수께서 성전 건너짝 올리브산에 올라가듬마 걸터
앙거 성전을 치다보신디, 베드로와 야고보, 요한과 안
드레아가 그 말씀을 차근히 알캐달라믄서 따로 다가
오듬마.
4 "말씀하신 일이 언제 땍볼가진다요? 그적에 벌쌔질 일

망우리다 망설이다 **독짝** 돌판 **후재** 나중, 훗날 **앙그다** 앉다 **짜울어지다** 넘어가다 **땍볼가지다** 열리다, 드러나다 **벌쌔지다** 벌리다, 열다 **봐란디끼** 보란 듯이

이 궁금헌디, 몬츰 어뜬 징조부터 있을지 잔 갈캐주시
쇼잉."
5 예수께서 궁금해가꼬 끄끕해하는 제자들에게 요래 일
렀재.
"몬츰 지비들이 아무한테나 용해 빠져서 히놀놀하게
둘리지 말어야 쓸 거시요.
6 허다한 야바위꾼들이 나타나 내 이름을 폴아서 '내가
바로 니들이 찾던 그리스도다.'라고 속일 거시오.
7 자조 난리가 터지고 급기야 전쟁도 터질 거시재만 으
짜든가 두려워 떨지를 마씨오. 그런 일이 볼가져도 아
적 끝이 난 거시 절대 아니재라.
8 민족이 다른 민족을 쥑이고, 나라가 다른 나라와 전쟁
을 벌씰 거신디, 지진이 천지사방에서 우묵장성 들싹
거리고 쎄가 빠질 가뭄과 흉년도 덮칠 거시오. 요거슨
홍어 거시기만한 재난의 시작일 뿐이당게라."
9 "정신머리를 지대로 가져야 쓸 거시오. 지비들은 나땜
시 법정에 끌려 댕길 거시고, 회당에서 매타작을 당해
도 불고, 또 총독들과 왕들 앞에 서서 나를 증언하게
될 거시오.
10 결과적으로다가 복된 말씀이 지구촌 온 꼴창까지 전

몬츰 먼저 **끄끕해하다** 답답해하다 **지비** 당신, 그대 **용해 빠지다** 순하다 **히놀놀하다** 헬쑥하다 **야바위꾼** 속이는 자, 사기꾼 **폴다** 팔다 **자조** 자주 **볼가지다** 튀어나오다, 나타나다 **우묵장성** 밭에 잡초가 정신없이 솟구치듯 **쎄** 혀 **홍어 거시기만하다** 아주 작다는 전라도 특유의 비유말

파될 거시구만이라.
11 사램덜이 지비들을 법정에 끌고 가면 무슨 말을 어찌
해야 쓰꺼신가 걱정부터 몬츰 하겄재만 그라지 마씨
오. 해야 쓸 말을 성령께서 때마다 갈채주실 것잉게로,
성령이 갈채주시는 대로 고대로 입서리만 까딱하면
된당게라.
12 자매 성제끼리 서로 죽고 죽이고, 애비가 자석을 죽이
라 내주고, 자석들이 즈그 부모를 고발하여 죽게 맹글
거시요.
13 나 땜시 지비들을 몽똥그러 여수고 미워하도록 맹글어
도 냉중까지 전디는 사램은 필시 구원을 받을 거시요."

재난의 참상

14 "멸망의 상징인 흉악무도한 우상이 있는디, 시방 지
가 서 있으면 결코 안 될 땅에 부정하게 서 있소. (글
읽는 독자는 알아들으씨오.) 때가 차불게 되면 유대 땅
에 사는 양반들은 후딱 산골창으로 내빼는 거시 차라
리 나으실 거시오.
15 지붕 우게로 피신해 올라간 사램덜은 집안에 두고 온

꼴창 시골 구석, 깊은 골, 벽촌 오지마을 **몽똥그리다** 한데 모아두다, 그러모으다 **여수다** 노리다, 엿보다 **냉중** 나중 **산골창** 산골짜기 **내빼다** 도망치다 **우게** 위에

세간을 꺼내겄다고 뒤돌아 내려갔다간 고거이 망주막 잉게로 꼼짝말고 기냥 거그에 재게씨요.
16 밭매다가 겉옷을 가지러 집에 도로 가지덜 말고
17 그런 날엔 임신한 여인들과 젖먹이가 딸린 여인들이 젤 고약시럽겠재라.
18 요런 난리가 시안에 일어나지 않게끔 해달라 기도를 바채야 쓰꺼시요.
19 그날은 환란의 날이 될 거시요. 하눌님이 시상을 지으시고 여적까정 고런 환란이 없어꼬, 후재라도 없을 맨치 몽주리 두려워 떨 거심마.
20 만당간에 하눌님께서 그 기간을 짤룹게 줄여주시지 않는다믄 살아남을 종자가 한테기도 금메 없을 거시재라. 그라지만서도 하눌님께서 제 택하신 백성을 생각코 반다시 고난의 기간을 짤룹게 줄여주실 거시요.
21 그때에 사램덜이 그리스도가 여그 있다 저그 있다 뻘지서리를 해싸도 절대 어주리같이 속아 넘어가지 마시씨요.
22 공갈 그리스도와 허새비 예언자들이 나타나가꼬 하눌님한테 속한 사램덜을 빼돌릴라고 속임수 기적과 굉기

망주막 마지막 **재게씨요** 그곳에 계세요 **시안** 겨울 **후재** 나중, 훗날 **맨치** 만큼 **몽주리** 모두, 모조리 **만당간에** 만약에 **짤룹다** 짧다 **한테기** 한번, 하나 **금메** 글쎄, 그러니까 **뻘지서리** 쓸데없는 짓 **해싸도** 해대도 **어주리** 바보, 멍충이 **공갈** 가짜, 거짓 **허새비** 허수아비, 빈 존재 **굉기하다** 우연히 발생한 일이 기이하다, 공교롭다

한 짓거리들을 양씸 벌쌔서 언눈 폴개 맹글 거시재만,
23 몽주리 나가 지비들에게 알려드렸거니와, 어믄 지서리
에 코 꿰 넘어가지 않게끄름 각별히 조심들 허씨요."

사램의 아들의 귀환

24 "환난 후에 해가 새까매져가꼬 어둑해짐서 달은 그
빛을 도독 맞아불고,
25 별들이 하늘에서 우수수 떨어지는디, 하늘에 있는 은
하 천체가 아조 휘청거릴 거시구마.
26 그라자 사램덜은 '사램의 아들'이 구름 우게 올라타가
꼬 크다란 권능과 영광으로 오는 거슬 분맹코 보게 될
꺼시요.
27 그때에 '사램의 아들'이 천사들을 보내가꼬 땅끝부터
하늘 끝까지 사방데서 모탠 어짐잖이 택하신 백성을
부를 거시구만이라."

무화과낭구의 교훈

28 "무화과낭구를 봄시로 깨달으씨오. 가지가 물커지고
잎사구가 달리면 여름이 솔찬하게 가찹다는 뜻이재라.

모태다 모으다 **양씸** 양껏, 한껏, 실컷 **언눈 폴다** 한눈 팔다 **어믄 지서리** 딴 짓, 비뚤어진 짓, 쓸데없는 짓 **어짐잖이** 솔찬하게, 많이 **낭구** 나무

29 이와 같이 지비들도 요런 일들이 벌어지는 거슬 보거
든 말이요, 사램의 아들이 새릅박에 음마 금시 당도해
있다고 퍼뜩 깨달어야 쓰꺼시요.
30 아조 참말로 지비들한테 말하는디, 이 세대가 지나가
기 전에 요런 일이 금메 멀미 나불게 조르라니 이루어
질 거시구만이라.
31 하늘이 돌돌 말리고 땅부닥이 폭삭 꺼져도 내 말은 없
어지지 않을 꺼시요잉."

그날과 그 시간

32 "그러나 그날과 그 시간은 암도 몰르재라. 하늘에 사
는 천사들도 몰르고, 아들도 모르재만 오직 아부지는
아신 당게라.
33 그때가 언젤랑가 모룽게 염염하니 조심하고, 항시 깨
어 있으씨오.
34 가령 주인이 먼 질을 떠남시로 종들에게 자기 권한을
맡긴다 치자고라. 문지기보다가 깨어 지키람서 오직
이 비민히 당부를 하고 떠났을 꺼시오?

봄시로 보면서 **물커지다** 물렁거리다 **솔찬하다** 많다 **가찹다** 가깝다, 가까이 **새릅박** 대문 밖 **음마** 어머 **멀미 나불게** 멀미가 나도록 빠르게 **조르라니** 차례대로 **땅부닥** 땅바닥, 땅 **암도** 아무도 **염염하다** 똑똑하다 **오직이** 오죽이나 **비민히** 어련히

35 집주인이 언제 돌아올라는지 저뭄 때일지 오밤중에 올라는지, 달구새끼가 울 때일지, 아니면 새복 일찍일 거신지 도무지 알 수가 없재라. 그랑께 반다시 뽈깡 깨어 눈곰치고 있어야 쓰재라.

36 주인이 먼정하게 돌아와가꼬 봉게 지비들이 곤히 자고 있는 거슬 보면 그 속이 우짜쓰까라.

37 긍게로 깨어 있으씨요잉. 나가 지비들한테 당부하는 요 말을 거자들 허투루 듣지만 말고 가심팍에 지픈 데다가 새기라고 드리는 말씀이요."

저뭄 때 저녁 때 **달구/달구새끼** 닭 **새복** 새벽, 이른 아침 **뽈깡** 불쑥, 대번, 벌떡 **눈곰치다** 눈을 부릅뜨다 **먼정하다** 말쑥하다, 멀쩡하다 **거자** 거의, 대부분 **가심팍** 가슴속 **짚다** 깊다

14장

예수를 죽일 작당 모의

1 과월절 이틀 전, 그랑께 무교절 이틀 전이었재. 대사제
들과 율법학자들이 예수를 잡아 죽일라고 작당 모의
를 하는디,
2 그랬다간 폭동이 일어날까 몰릉게 명절 축제 기간은
피해서 새살시러분 날을 잡아보자고 말을 맞췄재.

향유를 부은 여자

3 예수께서 베다니아에 있는 문딩빙자 시몬의 집에서 밥
을 자시는디, 어뜬 여인이 찐한 원액 나르드 향유를 한
항아리째 가꼬오듬마. 이거슬 깨트려 예수의 멀크락에
부었당게.
4 다들 '오메메 아깡그.' 함시롱 분이 나가꼬
"이 비싼 향유를 요따구로 낭비를 하면 쓰겄능가.
5 이 향유는 삼백 데나리온도 더 받을만치 값이 될틴디,
이거슬 가난한 사램덜에게 돈으로 보태줘도 조아쓸
거슬."

새살시럽다 차갑고 을씨년스럽다 **멀크락** 머리카락 **아깡그** 아까운 것 **수성거리다** 수런거리다

함시로 수성거리면서 그 여인을 나무랬재.

6 예수께서 '허허이.' 하심시롱 말리셨재.
"예말이요. 왜들 선한 여인을 타박을 하고 그라시요
들. 나는 젤로 고마운디 말이요.

7 가난한 사램덜이야 핑야 지비들과 뭉터리로 있응게로
도울라침사 언제든지 도울 수 있겠재마는, 나는 지비
들과 항꾸네 머물지 못한당게라.

8 저 여인은 내 몸띵이에다 향유를 부어가꼬 내 장례식
을 모냐 치를 준비를 한 거시재라.

9 온 천하 어데든지 복음이 전파되면 이 여인의 선행을
기억하게 될 꺼시오."

배신자 유다

10 그때 열두 제자 가운데 하나인 가리옷 사램 유다가 예
수를 폴아묵을라고 대사제들에게 찌웃찌웃댐서 접선
을 시도했재.

11 그들은 유다가 꽈바치고 밀정이 된 거시 반가워가꼬
돈을 하뿍 주기로 약속을 했재. 유다는 예수를 어찌케
냉개줄까 고심에 들어갔재.

예말이요 이보시오, 여보세요 **핑야** 내나, 결국(=펭야) **지비** 당신, 그대 **뭉터리** 뭉치, 더불어 함께 **폴아묵다** 팔아먹다 **찌웃찌웃대다** 기웃기웃하다 **모냐** 먼저 **꽈바치다** 밀고하다 **하뿍** 가득 **냉개주다** 넘겨주다

최후의 만찬

12 무교절 첫날, 그랑께 과월절 양을 잡는 날에 제자들이
"슨상님, 어데로 가등가 우리도 그래야 쓰겄는디요. 유
월절 잔치에 낑개 잡수셔야 할 꺼신디, 우째야 좋을랑
가 모냐 알캐 잠 주시쑈잉."
13 예수께서 제자 둘을 골라가꼬
"성 안으로 들어가면 물동이에다 양씬 물 긷는 사램이
있으 꺼시오.
14 아마또말고 그의 꽁무니를 볼브면 어데론가 들어갈
거신디 그 집 주인 양반한테 요라코롬 야그를 해보씨
요. '제자들이랑 과월절 음석을 노나 묵을 빈 방이 한
칸 있으면 내주시오.' 그라고 말이요잉.
15 금메 손님 맞을 준비가 된 너른 이층 방을 보여줄 거
신디 거그다가 준비를 해놓으락 하씨요."
16 그라자 제자들이 '척하면 앵- 하니' 알아 묵고 성 안으
로 들어갔재. 예수 말씀대로 따랐더니 과월절 잔치를
낙낙하게 예비할 수 있었재.
17 해가 서짝에 떨어지자 열두 제자들을 델꼬서 그곳에
갔는디
18 모다들 앙거 저녁 만찬을 대할 차에 예수께서 인나서

잠 좀, 잠깐 **양씬** 양껏, 한껏, 실컷 **아마또말고** 대꾸하지 말고, 무조건 **볼브다/봅다** 밟다, 걷다, 뒤를 쫓다, 괴롭히다 **금메** 글쎄, 그러니까

최후의 만찬

가꼬 나참맥이 요라고 말씀을 하시듬마.
"진실로 지비들 가운데 한 사램, 그랑께 시방 역서 같
이 밥을 노나 묵는 한 사램이 나를 폴아묵고 저거들
손에다 나를 넹길 거시오."
19 모다들 놀래가꼬 낯부닥이 노래져불듬마.
"설마 지를 두고 하시는 말씀은 아니시재라?"
20 "여그 지비들 말고 누가 또 있어서 어먼 소리를 허꺼시
오? 나랑 그륵에 손꾸락을 넣어 떡을 쥔 사램이 바로
그요.
21 '사램의 아들'이야 성서의 예언 맹키로 죽게 되겄지만
서도, 사램의 아들을 폴아묵는 그는 차말로 불행해져
가꼬 차라리 사램으로 나지 말았으면 조아쓸 꺼신디
함서 땅을 치게 될 꺼시요."
22 두루들 음석을 나누는디 예수께서 떡을 듬서 축복을
하시듬마. 글고나서 뜯어 나눔시로
"받아 자시씨요. 이거슨 내 몸뗑이어라."
23 또 잔을 따름서 감사의 기도를 바치시듬마 그들에게
건네 중게로 돌려감서들 쭉- 마시듬마.
24 "이 잔은 두루 사램덜을 위해서 흘리는 내 피, 곧 계약
의 피인게로 쭉- 하니 생키시요.
25 지비들에게 약속하는디 지가 포도주를 하늘님 나라에

앙그다 앉다 **인나다** 일어나다 **나참맥이** 나지막이, 나직하게 **폴아묵다** 아먹다 **역** 여기 **어먼 소리** 다른 소리 **그륵** 그릇 **조아쓸 꺼신디** 좋았을 것인데

서 마시는 날까정은 인자 두 번 다시 마시지 않을라요."
26 (만찬이 끝나자) 그들이 찬미하고 감람산으로 나아가
듬마.

베드로와 달구새끼

27 예수께서 제자들한테 말씀하시는디
"성서에 적힌대로 '나가 칼을 들어가꼬 목동을 베리니
양 떼들이 흩어져불 꺼시오.'라고 써졌재. 지비들이 몽
주리 나를 땡개불고 내뺄 거시요.
28 그라지만 지는 도로 살아나가꼬 지비들보다 몬츰 갈
릴리로 가 있을 꺼싱게 이 말을 가심팍에다 지피 새개
두쇼."
29 듬쑥하던 베드로가 달가듬시로
"아이사까 몽주리 내빼부러도 저는 슨상님뿐이여라우."
30 예수께서 자그러운 말에 답 허셨재.
"차말로 말씀드리는디 오늘 밤 달구새끼가 두 번 울기
몬차 성님이 세 번이나 지를 모른닥 하실 거시고만이
라."

몽주리 모조리 **땡개불다** 던져버리다 **몬츰** 먼저 **가심팍** 가슴속 **듬쑥하다** 과묵하다 **달가들다** 덤벼들다, 달려들다, 반박하다 **아이사까** 아니나 다를까, 그렇게 믿고 **내빼다** 도망치다 **자그럽다** 달착하고 간질이다 **달구/달구새끼** 닭 **몬차** 먼저

31 베드로가 뚜떼해져가꼬
"제가 뒈지면 뒈져도 매랍시 주님을 모른닥 할 사램이
요? 달구터럭 뽑넌 소릴랑 하덜 마시고, 딴 제자들도
한사코 제 맴이랑 일맥상통할 거시요잉."

게쎄마니의 기도

32 그들이 게쎄마니라는 번덕지에 다달았재. 예수께서 제
자들에게 말씀하셨재.
"지가 기도를 잠 바칠라는디, 역서 앙거 지달리고 지시
요들."
33 제자들 가운데 추려 베드로와 야고보, 요한 셋을 델
꼬 갔는디 서슬이 멀큼한 때라 몸서리치면서 슬퍼하
시듬마.
34 "시방 내 맴이 아조 맹고롬하고 죽게 생겠소. 지비들
은 역서 남아 조깐 깨어 기도들 하씨요잉."
35 혼자 째끔 더 올라가시듬마는 땅부닥에 엎져 에돌와
허심시로 '으짜사쓰까라, 이때가 지를 지나갔으면 좋
겠고마.' 하심서 요래 기도를 하시듬마.
36 "아바*, 나의 아부지! 아부지께선 뭐시든 하실 수 있응

뚜떼하다 뽀루퉁해지다 매랍시 이유 없이, 괜히, 공연히 번덕지 산언덕, 산비탈 지달리다 기다리다 서슬이 멀큼허다 서슬이 퍼렇다 맹고롬하다 날씨가 차고 춥다, 마음조차 쓸쓸하다 조깐 조금, 잠깐 에돌와허다 애석해하다

겟세마네의 기도

게 시방 이 잔을 지한테서 부디 거두어 주새라. 그러재
마는 제 뜻대로는 마시고라 아무쪼록 아부지 뜻대로
하셔야재라."
37 으석진 곳에서 한참 기도하고 돌아오셨는디 제자들이
아이사까 퍼질러 쿨쿨 자고 있듬마. 베드로를 흔들어
깨운 뒤 씁쓰럼하싱가 요라시듬마.
"시몬 성님. 주무셨소? 단 한시라도 깨어 있재만 잔 그
라셨소.
38 유혹에 빠져들지 말고, 깨어 기도를 바쳐야 쓴디, 맴은
간절항가 몰르지만 몸띵이가 약하신갑소."
39 재차 언덕에 올라가 똑같은 말씀을 하심서 기도를 하
시듬마.
40 다시 돌아와봉게 그들이 또 눠써 자울러 싸코 있는디,
아이사까 눈까풀이 내려와 피곤에 쩐 상태들이었재.
그들은 예수를 차마 똑바로 쳐다볼 면목이 없어들 하
덩마.
41 세 번째로 돌아오실 때였재.
"아적까정 주무심서 쉬시고들 지시오? 시방 사램의 아
들이 오살잡놈들한테 팔려가게 생겨부렀소.
42 인나서 항꾸네 갑시다잉. 거시기 지를 팔 자가 아조
가찹게 왔서라."

으석지다 으슥하다 **씁쓰럼하싱가** 씁쓰름하신지 **눠써** 누워 **자울다** 졸다, 자다 **오살잡놈** 나쁜 놈 **항꾸네** 함께, 같이, 더불어 **가찹다** 가깝다, 가까이

가룟 유다

긴급 체포되신 예수

43 이러고 지신디 열두 제자 중 하나인 유다가 촐래촐래
다가오듬마. 일행을 볼작시면 대사제들과 율법학자
들, 원로들이 보낸 병사들이었는디 칼과 몽둥이를 들
고 죄기대드랑게.
44 배신자가 그들과 암호를 짰등마.
"내가 입맞출 자가 바로 예수요. 궁지에 백힌 쥐를 잡
는 맹키로 재빨리 오랏줄을 펴서 아조 꽁꽁 뭉꺼야 쓰
꺼시요."
45 코를 벌심벌심하고 다가오덩만 이양시럽게
"슨상님!"
이럼시럼 이름을 들맥임서 인사를 하는디, 지랄 용천
을 험시로 가증스럽게 입서리를 갖다 대드랑게.
46 그때 병사들이 배락같이 달라들어 예수를 포박하듬마.
47 순간 예수 일행 중 한 사램이 칼을 빼들어 휘둘렀재. 대
사제 사병의 귀가 그만 똑각 땅부닥에 떨어져 불드랑게.
48 그거를 보시듬마 예수께서 내비러둘수 없어 똑떼기 말
씀하셨재.
"지비들이 마치 강도를 쌔래잡듯이 칼과 몽둥이를 쳐

죄기대다 조여들다, 명령을 내리다 **벌심벌심하다** 벌렁벌렁하다 **이양시럽다** 아양스럽다 **이럼시럼** 이렇게 하면서 **들맥이다** 들먹이다 **지랄 용천을 허다** 못된 짓을 하다 **입서리** 입술 **쌔래잡다** 제어하다

들고 왔소. 내가 그라면 강도란 말씀이요?
49 그간 날마다 성전에 올라가 복음을 갈챘는디, 그간 암도 나를 체포하지는 못했소. 그라지만 시방 이르케 된 모냥은 성서의 말씀이 예언대로 이루어질라고 그란갑소."
하시듬마.
50 그 시로 제자들이 예수를 혼자 내비도불고 줄행랑을 치드랑게.

담박질로 내뺀 청년

51 나풋나풋 삼베옷을 입고 시들푼하게 따르던 한 청년이 병사들에게 그만 잡힐 뻔했재.
52 삼베옷도 버리고 알몸띵이로 디립다 쌔가 빠지게 담박질을 침서 내빼듬마.

대사제와 예수

53 그들이 예수를 잡아다 대사제들 면전에 끌고 갔재. 대사제들과 원로들과 율법학자들이 한데 모태 있듬마.
54 베드로는 스승 예수 꼴랑지를 볼븜시로 멀찍이부텀 뒤

내비도불다 내버려두다 **그 시로** 그때 **시들푼하다** 기운이 빠져 시들시들하다 **모태다** 모으다

를 바짝 쫓았재. 대사제의 집무실 안뜰까정 들어가 경비원들 속을 비집고 서서 화톳불을 쬠시롱 기둘렀재.

55 대사제들과 온 의회가 예수를 사형에 처할 증거를 맹글라고 암만 들쑤셔봐 싸도 밀간 떡가리 한테기 없드랑게.

56 예수에 관한 고발은 거짓깔만 태산 같고, 증거될 만한 거시기가 암껏도 없더란 말이시.

57 그 시로 몇 사램덜이 인나가꼬 나불나불 거짓깔로 증언을 하듬마.

58 "우리는 요 죄인이 '사램의 손으로 지은 성전을 몽조리 뿌사불고, 사램의 손이 소양없는 새 성전을 사흘 안에 금메 세우겠다.' 함서 큰소리를 뻥뻥 치든 거슬 똑떽히 들었재라."

59 증언을 모둑가리해싸도 아구가 안 맞고, 판가림에 보탤만한 소리가 조깜도 아니드랑게.

60 그때 퍼질러 앉아있던 대사제가 뽈깡 인나듬마 예수한테 물었재.

"지비를 향한 불리한 증언들이 요라고 쏟아지는디 먼 모수매가 까깝스럽게 말이 그라고 없소. 인자 소르라니 대답을 어디 해보씨요."

밀갛다 말갛다, 묽다 **떡가리** 떡고물 **한테기** 한번, 하나 **거짓깔** 거짓말 **뿌사(불)다** 부서뜨리다, 허물다 **모둑가리다** 모두 모으다 **뽈깡** 불쑥, 대번, 벌떡 **모수매** 사내, 장정, 남정네 **까깝스럽다** 답답하다 **소르라니** 고스란히

대제사장과 예수

61 그라나 아릿입서리 하나 딸싹 안대고 대답이 없응게
대사제가 씨게 재촉을 했재.
"풍문대로 지비가 찬양을 받을 하늘님의 아들 그리스
도가 대찮아 맞소?"
62 비로소 예수께서 입서리를 벌쌔 대답을 하시듬마.
"그라요. 나가 바로 그분 아들이란 말이요. '사램의 아
들이 전능하신 분 오른핀짝에 앙거 있는 것과 하늘 구
름을 타고 오는 거슬 보꺼시오.' 써진 성서의 말씀은
허튼 소리가 아니요."
63 그 말을 들은 대사제가 수염에 불 끄듯 폴짝폴짝 썽을
내듬마 걸쳤던 웃옷을 찢어불고 쌩난리를 치드랑게.
"와따메, 더 이상 무슨 노므 증거 가튼 거시 소양이 있
겠소?
64 지비들도 저 인간이 시방 신성 모독하는 참람한 말을
해쌌는 거슬 들으셨을 꺼시오. 인자 저 천디기를 어찌
케 해불면 쓰겠소?"
일제히 군중들이 '사형에 처하라!' 허드랑게.
65 어떤 자들은 입서리에 춤을 뱉고, 또 그의 면상을 가
린 후에 주먹질을 하듬마는
"누가 쌔랬능가 알아맞혀 보그라. 당최 암것도 모름시
로 뭔누무 선지자는 선지자여."

씨다 세다 **대찮다** 대단찮다, 보란 듯이 쉽게 하다 **와따메** '왜 그러는지 모르겠다'는 표현 **쌩난리** 환장, 난장판 **천디기** 천덕꾸러기 **춤** 침

조롱들을 거시기 또 하듬마. 경비원들도 손찌검을 아무러케나 하드랑게.

예수를 세 번 모른닥 한 베드로

66 베드로가 아래 뜰에 있었는디 대사제의 종놈 하나가 으시렁으시렁 오드랑게.

67 베드로가 모당모당 군불을 쬐고 있응게 뜬골로는 그라고 있지 않을 듯 자퍼

"지비도 나자렛 예수와 한솥밥 묵던 아재비 아니요?"

캐물었재.

68 베드로가 도리질을 침시롱 말하기를,

"뭔 말씀을 고라고 심하게 하신다요. 시방 뭔노므 소리를 찌크르는지 지가 당최 못 알아묵겠소."

함서 앞뜰로 슥- 하니 내뺐재.

69 눈치가 백단인 대사제 종놈이 그 광경을 보듬마 사램덜한테 조르라니 일렀재.

"하먼. 요 사램은 그와 한 패거리임이 분명한 거 가튼디요."

함서 말이재.

70 그란디 베드로가 또다시 아니락 부인하드랑게. 쨰깐

으시렁으시렁 어슬렁어슬렁 **모당모당** 모두 **뜬골로** 아무런 인연이 없이 **잪다** 싶다 **아재비** 아저씨, 어른 사람 **도리질** 고개를 좌우로 흔들며 부정하는 표현 **조르라니** 차례대로 **하먼** '그렇다'는 호응 **쨰깐** 잠시, 조금

슬피 우는 베드로

후에 옆탱이에 섰던 사램덜도 재차 베드로에게 퍼부서 댔재.
"예말이요. 지비는 갈릴리 지방 사램이 분명한디, 차말로 한패거리가 어찌케 아니다요. 그라고 입서리에 춤도 안바르고 거짓깔을 한다요, 사램이 돼가꼬…."
71 베드로가 말하기를,
"내가 지비들이 말하는 그 양반을 안다믄사 필시 저주를 받고 말 거시요잉."
뎁데꼬깔 맹서함시롱 부인을 하드랑게.
72 긍게 그때 달구새끼가 두 번찌로 울드랑게. 그라자 베드로가 모냐치게 예수께서 저한테 밸나게 하신 말씀,
"달구가 두 번 울기 앞서 성님이 세 번이나 지를 모른데끼 하꺼시요잉."
예언하신 말씀이 바짓가랭이 잡듯 떠올랐재. 그제사 죄스러운가 넉장들리게 슬피 울음보를 터트리드랑게.

*아바: '아버지'를 일컫는 아람어

옆탱이 옆구리, 곁 **어찌케** 어떻게 **뎁데꼬깔** 적반하장 **맹서** 맹세 **모냐치게** 먼젓번에, 지난번에 **모른데끼** 모른 척 **그제사** 그때서야, 그제야 **죄스럽다** 죄송하다 **넉장들리다** 넋빠지다

15장

빌라도의 심문

1 새복에 기연시 대사제들이 원로들과 율법학자들이 모
인 산헤드린에 예수를 뭉꺼서 끄고 가듬마 총독 빌라
도한테 갖다가 바쳤재.
2 인자 빌라도가 예수를 딜다 봄서 심문을 하는디,
"예말이요, 예수씨. 어만간디도 아니고 유대 땅 유대인
들의 왕이라는 풍문이 사실이요?"
예수께서 그말에 대답하기를
"시방 지비가 하는 말은 어림 반푼 없는 지비 혼잣말
일 뿐이오."
3 그러자 웅그리며 보고 있던 대사제들은 입버텅이 튀어
나올만치 큰소리로 맹글어둔 고발 문건을 조목조목
발표를 했재.
4 빌라도가 재차 예수께 묻는디,
"베람박에다 말을 하는 거 같이, 내 말을 건더꿀로 듣
고 아마또 않는 이유가 뭐시요? 저렇게 지비를 오만가
지 죄목으로 고발들을 하는디 말이여잉."

기연시 기어이 **딜다 보다** 들여다 보다 **예말이요** 이보시오, 여보세요 **어만간디** 다른 곳 **지비** 그대, 당신 **입버텅** 잇몸 **베람박** 담벼락 **건더꿀** 건성 **아마또 안코** 아무 말도 안 하고, 침묵하다

빌라도, 예수, 바라바

5 그러든가 말던가 예수는 암말도 없이 말문을 짬매자
빌라도는 그런 예수를 당최 괴이하게 여겼재.

사형수가 되신 예수

6 명절이 되면 군중이 바라는 죄수 한 사램을 석방해주
는 전례가 있었는디
7 민중 봉기 때에 적의 목을 따다 붙잡힌 '바라바'란 우
두머리가 갇혀 있었재.
8 군중들이 전과 동일한 맹키로 그리 처분해달라 요구
를 혔재.
9 빌라도가 군중덜에게 말했재.
"지비들은 나가 저 유대인의 왕이란 자를 풀어주길 바
라고 이라는 거시요?"
10 왜냐면 그는 대사제들이 예수를 야수고 시기하여 체
포하고 냉개준 거슬 미리 알아채리고 있었기 때문이
재.
11 대사제들은 차라리 바라바를 석방해야 쓴다고 군중
들을 뒷구녁에서 선동을 하드란 말이시.
12 빌라도가 재차 토를 다는디,
"그라면 지비들은 유대인의 왕이라 부르는 저 되대한

짬매다 묶고 엮다 **냉개주다** 넘겨주다 **뒷구녁** 뒷구멍 **야수다** 겨냥하다 **되대하다** 오만하고 으스대다

사램을 내가 워찌 해블면 쓰겄소?"
13 그러자 군중들이 다시 귀창이 찢어지게 탄원을 하드
랑게.
"그를 기냥 십자가에 못 박으시오! 일찌거니 못 박아
부란 말이요!"
14 숭굴숭굴한 빌라도가 또 군중들한테 떠볼라고 말했재.
"참말로 그가 뭔노무 큰 패악한 몹쓸 짓을 했다고 그
라시요들?"
그라자 그들은 더욱 고래고래 소락떼기를 질르듬마.
"해 떨우지기 전에 싸게싸게 십자가에 못 박아 죽애부
란 말이오!"
15 빌라도는 내미룩니미룩 군중들 재미나 보라면서 바라
바란 반란자를 석방하여 빼주듬마. 대신에 예수를 채
찍질하여 십자가에 못 박을 수 있도록 바꿔치기를 한
거시재.

가시면류관을 쓰신 예수

16 군인들이 예수를 포박하여 총독관저로 질질 끌고 갔
재. 군중 소요가 날까 몰릉게로 도성의 군부대들도
몬츰 집합을 시켰듬마.

숭굴숭굴하다 음흉하다, 음험하다 **소락떼기** 소리 **싸게싸게** 빨리, 서둘러
내미룩니미룩 책임 따위를 지지 않으려고 미루적거리다 **몬츰** 먼저

가시관을 쓰신 예수

17 예수에게 자색 웃도리를 입히등마는 왕관 맹키로 까
시가 뾰쪽한 낭구가지를 둥글게 짬매가꼬, 이러트먼
면류관을 맹글어서 씌웠재.
18 "유대인의 왕이시여. 몽씬 평안을 누리시요잉."
왈판대기들이 놀리기 시작을 했재.
19 갈대로 머빡을 내리치고, 낯부닥에다 대고 춤을 퇘악
뱉고, 물팍을 꿇븐만 절을 넙죽 바침시로 '왕이시여~.'
이분거림서 배라묵을 짓들을 하드랑게.
20 한참 그리 조롱을 하듬마 그래도 분이 덜 풀렸는지 자
색 웃도리를 비끼가꼬 즈그 허른 옷을 입히듬마.
다음 차례로 십자가에 못 박을라고 질질 끌고 나갔재.

십자가에 못 박히신 예수

21 마침 알렉산드로스와 루포스의 아배 키레네 사램 시
몬이 시골창에서 올라오는 질이었는디, '온냐, 지비가
옴바갖고 둘러메고 가셔잉.' 함서 예수의 십자가를 대
신 지게 맹글듬마.
22 예수를 골고타, 그랑께 이를 옮개불믄 '해골의 골창'이
란 뜻인디, 그 사형장으로 끌고 가듬마. 죽일 자리에

이러트먼 이를테면 **몽씬** 몽땅, 잔뜩 **왈판대기** 말을 함부로 지껄이는 자
머빡 머리 **낯부닥** 얼굴 **춤** 침 **물팍** 무릎 **이분거리다** 조롱하고 놀리다
허른 낡은 **옴바갖다** 이어서 차지해 가지다

당도를 하자
23 몰약을 탄 포도주를 생키라고 예수 입서리에 들이밀었재. 예수께서 사래질을 치심서 마다 하시드라고.
24 예수를 십자가에 고정하고 못 박았재. 그람서 그의 옷도리를 찢고 노나 가질 참이었는디, 어떤 부분 조각을 모냐 가질 거시냠서 제비를 뽑고 하냥 지랄들을 허고 자빠졌더란 말이시.
25 그들이 예수를 십자가에 못 박은 때는 제 삼시(오전 9시)쯤이었재.
26 죄목을 적은 '표때기'가 보이듬마. '유대인의 왕'이라 써서 상단에 역불로 붙였드라고.
27 마침 그와 항꾸네 두 명의 반란자를 십자가에 못 박았는디, 한 사램은 그의 오른핀짝에, 하나는 그의 왼핀짝에 매달았재.
28 (그랑께 '그는 범법자들 가운데 한 사램으로 여김을 받았재'라 적힌 성서 말씀대로 이루어진 거시재.)
29 지나가던 사램덜이 머빡을 도리도리 저습시롱 예수를 모욕하기를
"금메 말이시, 멀쩡한 성전을 뿌사불고 사흘만에 도로 세우겠다믄서 큰소리치던 그 양반이 아니씨요?
30 거시기 자기 목숨이나 구하고 십자가에서 후딱 내려

생키다 먹다, 삼키다 **입서리** 입술 **모냐** 먼저 **역불로** 일부러, 반대로 **항꾸네** 함께, 같이, 더불어 **금메 말이시** '그러니까 말입니다.'라는 뜻

오재만 그라시오."
31 대사제들도 율법학자들과 똑같이 맹키로 이분거림서
조롱하고 퍼부서댔재.
"넘은 구할능가 몰라도 지 자신을 구할 수는 없는 갑
소야!
32 이스라엘의 왕, 그리스도여, 싸게싸게 십자가에서 내
려와 보씨요! 우리가 볼팅게 믿게끄름 함 해보시란 말
이요."
항꾸네 십자가에 못 박힌 자들까지도 예수를 씹드랑
게라.

숨을 거두신 예수

33 제 육시(오후 12시)가 되었을 적에, 꺼무데데한 어둠이
내리등마 제 구시(오후 3시)까지 온 땅부닥을 시꺼머케
덮었재.
34 제 구시에 예수께서 크게 외동사니치시듬마는,
"엘로이 엘로이 라마 사박다니?"*
이 말씀을 옮기자믄
"나의 하늘님, 나의 하늘님, 우짜자고 지를 내삐린단
말이시요."

싸게싸게 빨리 **꺼무데데하다** 새까맣다 **외동사니치다** 소리를 지르다, (널리) 외치다 **내삐리다** 내버리다

요런 뜻이었재.
35 가찹게 다문다문 섰던 자들 중에서 몇이 요 말을 듣덩
만 이르기를
"워메메, 엘리야 선지자를 오라카는 모양인갑서라."
36 어떤 사램이 다가가 해면에 신 포도주를 적셔가꼬 갈
대에 짬매듬마. 예수에게 마시게 하려는디 그거를 봄
시로 요래 말하등만.
"가만 냅둬보자고. 엘리야가 와서 끌어내링가 안 항가
잠 지캐보자고잉."
37 순간 예수께서 아이사까 큰소리를 지른 뒤 숨을 거두
셨재.
38 그라자 성전 휘장막이 우게에서 아래짝까지 쩍- 하니
두 짝으로 갈라지드랑게.
39 백부장 군인이 예수의 뽀짝 앞에 섰었는디 숨지는 거
슬 보고 요래 말하듬마.
"이 양반은 참말로 하늘님의 아들임이 분명허구만이
라."
40 울대미에서 지켜보던 여인들도 여럿 있드란 말이시.
그 여인들 중에는 마리아 막달레나와 작은 야고보와
요세의 어매 마리아와 살로메도 있었재.
41 이덜은 예수가 갈릴리에 나댕기실 때부텀 오만천지에

가찹다 가깝다, 가까이 **다문다문** 드문드문 **아이사까** 아니나 다를까, 그렇게 믿고 **뽀짝** 가까이 **우게** 위에 **울대미** 윗마을, 위

꽁무니를 따라댕김시로 섬기든 여인들이었재. 그들
말고도 그와 항꾸네 예루살렘에 올라온 여인들이 또
솔찬했재.

뫼똥에 묻히신 예수

42 폴새 날이 저물어부렀는디, 요날은 앞서 준비하는 날,
그랑께 안식일 뽀짝 전날이었재.
43 아리마태아 출신 요셉이 큰 맴을 묵고 글로 찾아를 왔
는디, 그는 존경을 받던 의회원이었고 또 하늘님 나라
를 고대하던 양반이었재. 그가 겁대가리 없이 빌라도
앞에 옴팡지게 서듬마는 반란자 예수의 송장을 지한
테 내달람서 조근조근 이약을 해댔재.
44 빌라도는 예수가 날랍게 몬츰 죽지는 안했을 거 같든
디 함시로 굉기하게 여기듬마 군대의 백부장을 불러
가꼬 그가 언제 죽었능가 알아봐라 명을 하더랑게.
45 백부장한티 알아봉게 빠삭허게 사정을 전하듬마. (폴
새 죽었음을 알고), 예수의 송장을 요셉에게 수웁게 내
주기로 허락을 했재.
46 요셉은 아마포 삼베를 사갖고 오듬마 예수의 송장을
끌어 내려가꼬 아마포 삼베로 돌돌 감아드렸재. 큼지

솔찬하다 많다 **폴새** 벌써, 이미 **이약** 이야기 **굉기하다** 우연히 발생한 일이 기이하다, 공교롭다 **빠삭허다** 내용을 충분히 알다 **수웁다** 쉽다

십자가상 예수

막한 독팍 바우를 파고 맹근 뫼똥에 아조 넘 보기에도
째이게 안치를 해부렀재. 뫼똥의 문은 크다란 독짝을
굴려가꼬 막드란 말이시.

47 마리아 막달레나와 요셉의 어매 마리아는, 그가 예수
의 송장을 어따가 모셔가는지 몰래 꿈어서 살펴보고
있었재.

*엘로이 엘로이 라마 사박다니: '어찌하여 나를 버리십니까.'라는 뜻의 아람어

독팍 돌 바우 바위 넘 남 째이게 보기 좋게, 정성을 담아서 독짝 돌판
꿈다 숨다, 사라지다

16장

부활하신 예수

1 안식일이 지낭게로 마리아 막달레나와 야고보의 어매
마리아, 글고 살로메가 예수의 송장에다 싹싹 보를 요
량으로 향유를 장만했재.
2 안식일 후 첫찌날 새복에, 해가 동산에 뜽게 예수를 묻
은 뫼똥으로 달려들 갔재.
3 감서 서로 말을 끄내기를
"으짜사쓰꼬, 독짝문이 겁나 무거울 거신디 누가 궁글
래 줄란가 몰르겄네."
4 고갤 들어 쳐다보니께 폴새 독짝문이 궁글래져 있드
랑게. 무자게 큰 독짝이덩만 말이재.
5 뫼똥 안쪽으로 되나깨나 발을 디대봤재. 한 젊은 남정
네가 흐칸 옷을 걸치가꼬 오른핀짝에 가만히 앙거 있
드랑게. 오메~ 머시다냐 함서 철렁 놀랐재. 이날핑상
첨 보는 광경이었재.
6 그 양반이 입을 벌쌔듬마, 금메 말이시 사램말을 하드
랑게.
"놀라지 마씨요들. 임자들이 십자가에 못 박해가꼬 달

지낭게 지나니까 **보르다** 바르다 **감서** 가면서 **으짜사쓰꼬** 어찌해야 할까 **폴새** 벌써, 이미 **금메 말이시** '그러니까 말입니다.'라는 뜻 **흐칸** 흰 **이날핑상** 이날 평생 **벌씨다** 벌리다, 열다 **금메 말이시** '그러니까 말입니다.'라는 뜻

려 죽으신 나자렛 예수를 시방 찾고 지신가본디, 고지 들릴랑가 몰르겄지만서도 고 양반은 폴새 도로 살아나부렀소. 눈이 있으믄 뵈이요들? 여가 안 지시재라? 저기 독짝은 그 양반 죽었던 몸이 눠써 지시든 데란 말이요.

7 그랑께 임자들은 그 양반 다른 제자들한테도 핑- 하니 가보씨오. 특별히 베드로에게 '핑- 하니 갈릴리로 몬츰 갈 것잉게, 평소 귀구녕이 닳도록 약속했든대로 걱서 상봉을 갖게 될 거시오.', 요런 말씀을 조깐 전해주씨오." 그랬재.

8 말이 떨어지기 날랍게 뽈깡들 인나듬마 뫼똥 배깥으로 뛰쳐나갔재. 걸음아 나 살려라 담박질을 치드랑게. 벌벌 떨믄서 넋이 빠질 지경으로 말이재. 입서리가 안 떨어지등가 암데다가도 말 한마디 속작거리지 못했재.

막달라 여자 마리아와 예수

9 예수께서 안식일 지나 첫찌날 새복에 살아나신 후, 과거에 일곱 구신을 작살내고 구해준 막달라 마리아에게 '제겠소~.' 하고 나타나셨재.

고지 듣다 믿다 **눠써** 누워 **지시다** 계시다 **몬츰** 먼저 **걱서** 거기서 **뽈깡** 불쑥, 대번, 벌떡 **담박질** 달음박질 **암데** 아무데 **속작거리다** 소곤소곤 종알대다 **새복** 새벽, 이른 아침 **제겠소** 그간 잘 계셨는지요(인사말)

부활하신 예수

10 그라자 마리아는 입안엣소리를 참다못해 예수와 살아
생전 한솥밥을 노나 묵던 자들을 찾아 나섰는디, 그
들은 그동안 몸서리치게 슬퍼가꼬 눈물만 잴잴 짜고
지냈재.
11 거그다 대고 예수가 금메 다시 살아나셨단 사실과 마
리아에게 썽썽한 몸땡이로 와겠단 사실을 알렸는디,
듣고도 먼 새똥빠진 소리냐시로 정작 믿을라는 이가
없었재.

두 제자한테 불쑥 나타나신 예수

12 그라고 나서 냉중에, 그들 가운데 두 사램이 발발 걸
어가꼬 시골질을 지나 어디론가 가는디, 불쑥 예수께
서 아조 요상한 따른 모냥새로 변해가꼬는, 몬츰모냥
'제겠소~.' 함서 나타나셨더람마.
13 딴 제자들한테 돌아가서 먼사 모르고 만나 뵌 그날의
일을 전항게로 암도 말을 못 믿고, 더러는 시대가 어
뜬 시댄디 거짓깔로 둘릴라고 허냠서 와득와득 안 믿
드랑게.

입안엣소리 속엣말, 비밀 **잴잴** 질질 **썽썽하다** 싱싱하다, 생기가 있다 **소리냐시로** 소리냐면서 **냉중** 나중 **옹석하다** 평평하지 않다 **모냥새** 모습 **모냥** 모양, ~같이, ~처럼 **먼사 모르다** 무슨 일인지 모르다 **거짓깔** 거짓말 **둘리다** 속이다 **와득와득** 와락와락 성질을 부리며

• 제자들의 사명

14 후재 열한 명 되는 제자들이 싼득싼득하던 날에 모여
더운 밥을 노나 묵는 중이였재. 시상에나 거그에 예수
께서 도채비 모냥 나타나셨드랑게. 그들 믿음이 동나
불어 실덕벌덕하는 것과 맴이 무디게 변한 거슬 근심
하고 나무라셨재. 도로 살아나신 소문을 듣고 해싸도
신청보냥을 안 항게로 까깝스러 신간이 시껌해지신
표정이셨재.
15 예수께서는 입서리를 벌쌔듬마 말씀을 허셨재.
"예말이요, 성님 동상님덜. 인자부텀 온 천하에 댕김서
몽조리 만나는 사램들마다 그간 알캐드린 복음을 전
하셔야 쓰겄소.
16 믿고 세례를 받은 사램덜은 홀짜꿍하고 구원을 입게
될 거시재만, 믿지 않고 자떼바떼하는 작것들은 아조
수끗하게 심판을 받게 될 꺼시오. 저꺼봐야 알랑갑재.
17 믿는 사램덜한테는 표징들이 따를 거신디, 내 이름을
댐서 구신을 쫓아불 거시고라, 또 오랭이 조랭이 기이
한 방언을 유창하게 해쌀 거시재라.

후재 나중, 훗날 **싼득싼득하다** 춥고 차갑다 **도채비** 도깨비 **동나다** 비워지다, 없어지다 **실덕벌덕하다** 사람이 변덕을 부리다 **신청보냥을 안 하다** 들은 체도 본 체도 하지 않다 **까깝스럽다** 답답하다 **홀짜꿍하다** 좋다고 하다, 맞장구치다 **자떼바떼하다** 쉽게 수긍하지 않고 재다 **작것** 잡것 **수끗하다** 섬뜩하다 **젂다** 겪다, 경험하다 **오랭이 조랭이** 이런저런, 각각 다른

18 맨손으로 독새 배암을 집어도 괜춤하고, 독을 생캐도
암시랑토 않고 말이재라. 빙이 들린 사램한테 손을 엉
기만하믄 그 시로 개안하게 나사불 거시요. 알아 자시
겄소?"

고별과 승천

19 주님 예수께서 말씀을 멈추시덩만 공중으로 쓱- 하니
들려 올라가시듬마. 그 질로 ㉠ 하늘님 오른핀짝에 앙
거 지시재라.
20 제자들이 천지사방으로 뛰채나가 말씀을 전파하는디
주님께서 그들과 날이날마동 항꾸네 동행하셨재. 오
만가지 표적으로다가 복음을 오지고 야무지게 보장
을 해주심서 말이재.
㉡ [그 여자들은 베드로와 딴 제자들에게 가서 그간 저
끄면서 보고 들은 야그를 몽조리 들매겨싸트랑께. 예
수께서는 제자들을 해가 꿈지락대는 데부터 해가 꿈
어불고 자울대는 데까정 파송하셨재. 영원한 구원을
기약하는 거룩한 불멸의 말씀을 전파하게 하셨재라.

독새 배암 독뱀 **괜춤하다** 괜찮다 **암시랑토** 아무렇지도 **개안하다** 개운하다, 정상이다 **나샀다** 낫다, 완치되다 **엉그다** 얹다 **앙그다** 앉다 **뛰채나가다** 뛰어나가다 **날이날마동** 언제나 **항꾸네** 함께, 같이, 더불어 **오지다** 충실하다 **젂다** 겪다, 경험하다 **들매겨싸타** 이야기를 꺼내어 말하다 **꿈지락대다** 움직이다 **꿈다** 숨다, 사라지다 **자울다** 저물다

다락방 기도

아멘]
(마가복음의 긴 끝맺음 말고 짧은 끝맺음 사본들도 있음)

(지스락물이 댓돌을 뚫듯 이 복음이 오만간디 널리 전해지길 바라는 맴뿐이재라. — 옮긴이)

지스락물 낙숫물 오만간디 온데, 사방에

예수 승천

방언 사전

ㄱ

가막소 감옥
가만침 가만히
가새불다 가다, 떠나다
가심팍 가슴속
가이내 여자아이
가찬 근처
가찹다 가깝다, 가까이
갈치다 가르치다
갈침 가르침
감서 가면서
감푸다 거칠고 사납다
갸울갸울하다 위태롭게 기울고 막막해지다
개안하다 개운하다, 정상이다
갤키다 가리키다
거시기 무언가를 말하려 할 때 뭉뚱그려 쓰는 말
거자 거의, 대부분
거즘 거의, 대부분, 약
거짓깔 거짓말
걱서 거기서
건너짝 건너편
건더꿀 건성
걸거치다 거치적거리다
게미지다 재미있고 유익하다
게풀어지다 맥풀리다
경박간에 잠깐 동안에
경치다 굉장히, 매우
고랑방퉁이 망나니처럼 함부로 행동하는 이
고물거리다 느리게 행동하다
고지 듣다 믿다
곡석 곡식
공갈 가짜, 거짓
괜춤하다 괜찮다
굉기하다 우연히 발생한 일이 기이하다, 공교롭다
구녕 구멍
구신 귀신, 마귀
군입거리 간식
군지렁거리다 구시렁거리다, 불평하다
궁딩짝 엉덩이
귀맹맹이 안 들리는 귀
귀창 귀청
귄있다 귀엽고 정겹다
귓구녕 귓구멍, 귀
그 시로 그때
그남동 그나마도
그륵 그릇
그제사 그때서야, 그제야
그짓깔 거짓말
근디 그런데
글고 그리고
글치만 그렇지만
금메 글쎄, 그러니까
금시롱 그러면서
금메 말이시 '그러니까 말입니다'라는 뜻
긍게 따라서
기맥히다 기막히다
기암중 배가 고파 기절할 지경
기언치 기어이, 어김없이
기연시 기어이
까깝스럽다 답답하다
까죽 가죽
깔끄막 가파르고 비탈진 언덕
깝박 납작
깨금박질 앙감발, 마음이 바쁜 나머지 발을 세우는
깨깟하다 깨끗하다
꺼무데데하다 새까맣다
껑중하다 치솟아 높다
께데기를 비끼다 알몸을 만들다, 발가벗기다
꼴랑댕이 꼬리, 꼴찌(=꼬랑지 끄터리)
꼴싹 꼬락서니
꼴짝하다 배고프다
꼴창 시골 구석, 깊은 골, 벽촌 오지마을
꼼치다 몰래 숨기다
꽈바치다 밀고하다
꾸무럭하다 어둡다
꾸석지 구석지
꾸슬리다 구슬리다, 꾀다
꾸적꾸적 표정이 구겨지

는 모양

꿈다 숨다, 사라지다

꿈지락대다 움직이다

끄끕해하다 답답해하다

끄니 끼니

끄슥어내리다 끄집어내리다

끌르다 열다, 풀다

ㄴ

나락모개 벼 이삭

나샀다 낫다, 완치되다

나참맥이 나지막이, 나직하게

낙낙하다 여유롭다

낙신하다 흠씬, 얏껏

날랍다 빠르다

날이날마동 언제나

날캄하다 뾰족하다

남새 푸성귀

낫내놓다 드러내다

낭구 나무

낯부닥 얼굴

내동 이미

내미룩니미룩 책임 따위를 지지 않으려고 미루적거리다

내비도불다 내버려두다

내빼다 도망치다

내삐리다 내버리다

냄시 냄새

냉개주다 넘겨주다

냉중 나중

냉큼 곧, 곧바로

너그 너희

너릅다 넓다

넉장들리다 넋빠지다

넘 남

노나다 나누다

노랑창 노른자, 요직

노래보다 노려보다, 쏘아보다

눈곰치다 눈을 부릅뜨다

눈까리 눈

눈꾸녁 눈구멍

눠써 누워

눠쓴 누운

느럭느럭 느릿느릿

늘상코 항상

ㄷ

다문다문 드문드문

달가들다 덤벼들다, 달려들다, 반박하다

달구/달구새끼 닭

달라들다 덤벼들다

달부데해지다 달보드레하다

달콩 냉큼

담박질 달음박질

대끄덕 당장, 순간

대(불)다 닿다, 만지다

대차나 과연

대찮다 대단찮다, 보란 듯이 쉽게 하다

덕석 멍석

던저럽다 더럽다

데똥 대뜸

데차 (맞장구칠 때, 마음속으로 동의할 때) 과연 그렇지

뎀비다 덤비다

뎁데꼬깔 적반하장

도독 도둑

도로 다시, 재차

도루깨질 도리깨질

도리질 고개를 좌우로 흔들며 부정하는 표현

도야지 떼 돼지 떼

도채비 도깨비

독밭 돌밭

독새 배암 독뱀

독짝 돌판

독팍 돌

돌라가다 훔쳐가다

돌방구 이리저리 돌아다니는 사람

돌아뻿다 미쳤다, 돌았다

동나다 비워지다, 없어지다

동상 동생

되나깨나 아무렇게나

되대하다 오만하고 으스대다

되양수노릇 대장 노릇, 우두머리 노릇

됫박 쌀 바가지, 움푹 패인 정량 바가지

두렁길 도랑길

둔전거리다 서성거리다

둘리다 속이다, 속임수에 당하다

뒷구녁 뒷구멍

뒈지다 죽다

드런 더러운

드레다 볼 참으로 들여다볼 참으로

들럭쟁이들 도적 떼
들매겨싸타 이야기를 꺼내어 말하다
들맥이다 들먹이다
들쌕이다 들먹이다
들이밀다 바싹 가까이 대다
들짐상 들짐승
듬쑥하다 과묵하다
디지다 죽다
딜다 보다 들여다 보다
따룹다 다르다, 엉뚱하다
따른 다른
따물로 때문에
딸싹 못하다 움직이지 못하다
땅금 땅거미
땅돼기 토지
땅부닥 땅바닥, 땅
땍볼가지다 불거지다, 불쑥하다, 열리다, 드러나다
땡개불다 던져버리다
떠벅수 떠벌이, 수다쟁이
떠묵게 쉽고 명료하게, 알아차려 먹도록
떡가리 떡고물
떵개떵개 둥개둥개
떼글어다니다 떼를 지어 다니다
떼메다 들쳐메다, 들쳐업다
떼장부리다 떼를 쓰다
뗄삭 매우, 아주
또가리 또아리
또록또록 또렷또렷
똑데기 똑똑히, 반듯하게
똑떽히 똑똑히
뚜딜어패다 두들겨 패다
뚜떼하다 뾰루퉁해지다
뛰댕기다 뛰어다니다
뛰채나가다 뛰어나가다
뜨글뜨글 득실득실, 많이
뜨냉구 떠돌이
뜬골로 아무런 인연이 없이
뜰먹뜰먹 설레면서 꺼내는 말(=들먹들먹)
띨띨하다 멍청하고 우매하다

ㅁ

마누래 마누라, 아내
마름시로 마르면서
마전장이 옷감을 볕에 쬐어 희게 하는 세탁 노동자
막캥이질 고집불통으로 못된 짓을 일삼는 것
만당간에 만일, 만약에
말뽄새 말하는 내용과 예의
말흐대끼 말하는 것처럼
망우리다 망설이다
망주막 마지막
매랍시 이유 없이, 괜히, 공연히
맨들다 만들다
맨치 만큼
맴 마음
맹 명
맹고롬하다 날씨가 차고 춥다, 마음조차 쓸쓸하다
맹글다 만들다
맹서 맹세
맹케하다 명쾌하다
맹키로 ~처럼
맷 몇
머달라고 뭐 하려고
머라드라 뭐라고 하던데
머빡 머리
머슬 무엇을
머시기 무언가를 말하려 할 때 뭉뚱그려 쓰는 말
머심 사내, 일꾼
먼비치 먼발치
먼사 모르다 무슨 일인지 모르다
먼산바래기 사팔뜨기
먼정하다 말쑥하다, 멀쩡하다
멀로다가 무엇으로다가
멀미 나불게 멀미가 나도록 빠르게
멀크락 머리카락
메가리 맥, 기운
메뎅이치다 메치다, 내버려 던지다
면전 정면 앞
모구떼 모기떼
모나창께도 먼젓번에도
모냐 먼저
모냐치게 먼젓번에, 지난번에
모냥 모양, ~같이, ~처럼
모냥새 모습
모다 모두
모당모당 모두
모둑가리다 모두 모으다
모른데끼 모른 척
모수매 사내, 장정, 남정네

모태다 모으다
몬네몬네 뭐니 뭐니
몬짐 먼젓번
몬차/몬츰 먼저
몰개바람 돌풍
몰그럼허다 물그스름하다
몰뚝잖다 못마땅하다
몰레오다 몰려오다
몽구리다 오랫동안 마음에 두다, 벼르다
몽그레지다 끝이 닳아 줄어들다
몽낭셍이 목석
몽똥그리다 한데 모아두다, 그러모으다
몽숭거리다 뜻을 이루고자 대들다
몽씬 몽땅, 잔뜩
몽조리 모두, 모조리
몽주리 모두, 모조리
몽지거리다 머뭇대다
뫼똥 묘소, 무덤
무시기 무언가
무심상하다 무심하다
무자게 무지하게, 무척, 매우, 많다
묵게끄럼 먹을 수 있도록
묵신허다 묵직하다
문딩빙자 한센병 환자, 나병 환자
물괴기 물고기, 생선
물커지다 물렁거리다
물팍 무릎
뭇뜨래기들 여러 사람들
뭉끄다 묶다
뭉터리 뭉치, 더불어 함께
뭐라곤고니 뭐라고 하는가 보니
뭔나따나 무슨 일이 있다고
미련반펭이 미련퉁이, 바보
밀가리 밀가루

ㅂ

반다시 반드시
반민에 반면에
배리다 버리다
배락 벼락
배삐 바삐
밸라도 유별나게
버럭지 벌레
버르지기 버르장머리
버리데기 버려진 사람
버큼 거품
번덕지 산언덕, 산비탈
벌심벌심하다 벌렁벌렁하다
벌쌔지다 벌어지다, 일어나다
벌씨다 벌리다, 열다
베람박 담벼락
벨쌍시룹다 어처구니없다
보르다 바르다
본때배기 본보기
본청만청 보는 둥 마는 둥
볼가지다 튀어나오다, 나타나다
볼강기리다 서성이고 기웃대다
볼브다/볿다 밟다, 걷다, 뒤를 쫓다, 괴롭히다
볼써로 벌써
볼촉스럽다 느닷없다, 겨를 없다
봄시로 보면서
봐란디끼 보란 듯이
부숨방 구들방 아랫목
부애 화
분맹코 분명코
불각철 갑자기
비개 베개
비나리 기도
비민히 어련히
비섯허다 비슷하다
비다 베다
비채주다 비춰 보이다
빌다 기도하다
빙 병
빙자 병자, 환자
빠락빠락 공을 들여, 힘을 들여
빠삭허다 내용을 충분히 알다
빼지랍다 주책맞고 약삭빠르다
뺨사다구 볼, 뺨
뻔뻐드름하다 불순종하다, 고분고분하지 못하다
뻘지서리 쓸데없는 짓
뽀록나다 들통나다
뽀짝 가까이
뽄새 본새
뽈깡 불쑥, 대번, 벌떡
삐족하다 뾰족하다
뿌렁구 뿌리
뿌사(불)다 부서뜨리다, 허물다

뿔 돋친 놈 사나운 사람, 예사롭지 않은 사람
뿔딱지 화딱지
삐둘구 비둘기

ㅅ

사램 사람
사램덜 사람들
사름방살이 월세 살이
살패보다 살펴보다
살푼살푼 소리도 없이 살살
산골창 산골짜기
새내끼줄 새끼줄, 짚으로 꼰 굵은 줄
새릅박 대문 밖
새복 새벽, 이른 아침
새살시럽다 차갑고 을씨년스럽다
쎗부닥 혓바닥
생똥빠지다 무척 힘들다(괴롭다)
생짜 초보
생키다 먹다, 삼키다
서뿌르다 서투르다
서슬이 멀큼허다 서슬이 퍼렇다
설설 기다 조심성 있게 굴다
성수 형수
성제 형제
성천나다 홍수나다
션찮하다 시원치 않다
소경 시각 장애인
소락떼기 소리
소랍다 쉽다
소르라니 고스란히
소리냠시로 소리냐면서
소양없다 소용없다
속꼬쟁이 속옷
속작거리다 소곤소곤 종알대다
손구락 손가락
손부닥 손바닥
솔랑솔랑 조금씩 조금씩
솔찬하다 많다
수끗하다 섬뜩하다
수말스럽다 순하고 얌전하다
수성거리다 수런거리다
수웁다 쉽다
숙어불다 고개를 숙이다, 납작 엎드리다
술렁술렁 수군수군
숭 흉
숭구다 심다
숭굴숭굴하다 음흉하다, 음험하다
숭키다 숨기다, 감추다
슨상님 선생님
시낭고낭허다 시름시름 앓다
시들푼하다 기운이 빠져 시들시들하다
시르다 쓰러뜨리다
시방 지금
시부리다 떠들다, 중얼거리다
시안 겨울
신청보냥을 안 하다 들은 체도 본 체도 하지 않다
실게지다 헤어지다
실덕벌덕하다 사람이 변덕을 부리다
실박하다 성숙하다, 어른스럽다
실비 생활비, 임금
실쩍실쩍 슬쩍슬쩍
심 힘
심드렁하다 탐탁치 않다
싸게싸게 빨리, 서둘러
싹 전부, 모두
싼득싼득하다 춥고 차갑다
쌔래잡다 제어하다
쌔리다 때리다
쌔부렀다 많다
쌔알거리다 중얼거리다
쌩난리 환장, 난장판
쌩콩하다 샐쭉하다
썽썽하다 싱싱하다, 생기가 있다
쎄 혀
쏙소리바람 회오리바람
쑤두룩(빽적)하다 넘치게 많다
쓰꺼시오 그래야 되겠는가
씁쓰럼하싱가 씁쓰름하신지
씨다 세다
씨석씨석 조금씩
씨언하다 시원하다
씨차주다 씻어주다
씨쳐불다 씻다
씹덕껍덕 함부로 말을 내뱉는 모양
씹씰하다 씁쓸하다
씻치다 씻다

ㅇ

아그 아이
아까참 조금 전
아깡그 아까운 것
아마또 안코 아무 말도 안 하고, 침묵하다
아마또말고 대꾸하지 말고, 무조건
아배 아버지
아사리판 난장판, 질서 없이 어수선한 상태
아야 이보시오
아이사까 아니나 다를까, 그렇게 믿고
아작 깨물어 바스러뜨릴 때 나는 소리
아재비 아저씨, 어른 사람
아적 아직
아적밥 아침밥
아조 아주
아즘찮다 미안할 정도로 대견하다
아짐 아주머니
아찍하다 아찔하다
안채놓다 앉혀놓다
알로 아래로
알캐주다 알려주다, 가르치다
암것 아무것
암데 아무데
암도 아무도
암만 아무리
암시랑토 아무렇지도
앙그다 앉다
앙껏 아무것
애럽다 어렵다
애리다 어리다
앵그레보다 쏘아보다
앵기다 안기다
앵꼴지다 오기가 많고 심술궂다
야그 이야기
야수다 겨냥하다
야바위꾼 속이는 자, 사기꾼
얀다무치다 야무지다
양반 사내를 높여 부르는 옛말(신분 계급과 상관없이 민간에서 사용)
양씬/양씸 양껏, 한껏, 실컷
어그데하다 크다
어리떨떨하다 어리버리하다
어만간디 다른 곳
어매 어머니
어먼 소리 다른 소리
어무니 어머니
어믄 지서리 딴 짓, 비뚤어진 짓, 쓸데없는 짓
어세부세 부스스
어써 어디에서
어주리 바보, 멍충이
어짐잖이 솔찬하게, 많이
어쩌크롬 어떻게
어찌케 어떻게
어칠비칠 힘없이 비틀거리는 모양
어트케 어떻게
언눈 폴다 한눈 팔다
얼찐대다 얼씬거리다
얼척없다 어이없다
얼풋이 어렴풋이
엄메메 어머나
엄범부리다 얼버무리다
엄배덤배 엄벙덤벙
엉그다 얹다
엉거르다 으르렁거리다
엎지다 엎드리다
에돌와허다 애석해하다
엥그라보다 둘러보다
여가튼거슬 이 정도쯤을
여만치 이만큼
여수다 노리다, 엿보다
여팡 아주, 대단히
역 여기
역불로 일부러, 반대로
염사없다 생각이 없다
염염하다 똑똑하다
영판 많이, 아주, 대단히
옆사댕이 옆구리
옆탱이 옆구리, 곁
예말이요 이보시오, 여보세요
오구감탕시럽다 매우 만족스럽고 행복하다
오달지다 야무지다
오랭이 조랭이 이런저런, 각각 다른
오레기빼다 전에 못한 일을 많이 하다
오만간디 온데, 사방에
오메메 어머나
오목가심 명치, 가슴 복판
오살나다 심하다
오살잡놈 나쁜놈
오시래미 고스란히
오지다 충실하다, 틀실하

다, 풍성하다
오직이 오죽이나
온냐 그래
온디간디 온데간데
온이 온전히
올체 옳다구나
올케 옳게
옴막 모조리, 전부, 완전하게
옴모메 어머나
옴성감성 오며 가며
옴쑥 오므리다
옴씨락 온전하게 모두
옴짝 오므리다
옴팍 온통
옹개종개 옹기종기
옹공스럽게 다정스럽게
옹구락지 미꾸라지
와득와득 와락와락 성질을 부리며
와따메 '왜 그러는지 모르겠다'는 표현
왁자지근하다 군중 속에서 떠들썩하다
왈판대기 말을 함부로 지껄이는 자
외동사니치다 소리를 지르다, (널리) 외치다
외또로 홀로
요기하다 밥을 먹다
요두새 말만 해대고 행실이 미덥지 못한 이
요라고 이렇게
요라코롬 이렇게
요래 이렇게
욜로 여기로
용해 빠지다 순하다
우게 위에
우묵장성 밭에 잡초가 정신없이 솟구치듯
우세두세하다 수선거리다
우야동간 일이 어떻게 되더라도
운이 달다 맛이 달고 좋다
울대미 윗마을, 위
울청 울타리
워넌히 너끈히
워짜라고 어쩌라고
웍적벅적 시끌벅적하다, 시끄러울 정도로 많이
웜마 어머나
웜매웜매 어머나(뜻밖의 일이 생길 때)
웜메오메 어머나(뜻밖의 일이 생길 때)
웬수떼기 원수
유제 이웃
으등거리다 불평하다, 으르렁거리다
으석지다 으슥하다
으시렁으시렁 어슬렁어슬렁
으지랑스럽다 속이 차고 웅숭깊다
으짜사쓰꼬 어찌해야 할까
음마 어머, 어머나
음석 음식
이날핑상 이날 평생
이러트먼 이를테면
이럼시럼 이렇게 하면서
이리실짝시부텀 어렸을 때부터
이분거리다 조롱하고 놀리다
이약 이야기
이양시럽다 아양스럽다
인나 일어나다
인나다 일어나다
인데까정 이제까지
인자 이제
인자사봉게 이제 보니
입 다시다 먹다
입때껏 이제껏, 이때까지
입버텅 잇몸
입서리 입술
입안엣소리 속엣말, 비밀
잉낄어지다 으깨지다

ㅈ

자그럽다 달착하고 간질이다
자근자근 조근조근
자꼬 자꾸
자떼바떼하다 쉽게 수긍하지 않고 재다
자망허다 놀라 기절할 지경이다
자분자분 부드럽고 찬찬하게
자불자불 수다스럽게 술렁대며 말하다
자석 자식
자우튼간 좌우지간
자울대다 졸다, 자다
자자구리다 지껄이다
자세분 자녀분, 아들딸

자조 자주
작것 잡것
작씬 매우
작장작장 짝짜꿍짝짜꿍
잘급하다 기겁을 하다
잠 좀, 잠깐
잡두리 잡도리, 단속
장개 장가
잖다 싫다
재게씨요 그곳에 계세요
재끼재끼 켜켜이, 층층이
재차 거듭
잴잴 질질
잽지다 잽싸다
저금저금 따로따로
저만츰 저만치, 저만큼
저믐 때 저녁 때
저저이 작게
저짝 저쪽
쥐다 겪다, 경험하다
전디다 견디다
점드락 (저물 때까지) 하루 종일
젓꾼들 같은 마음으로 뭉친 사람들
정침하다 깨끗하고 단정하다
제갈제갈 자글자글 잘 타다
제겠소 그간 잘 계셨는지요(인사말)
젤 제일, 가장
조깐 조금, 잠깐
조랑조랑 이야기를 조리있게 조근조근하다
조르라니 차례대로

조아쓸꺼신디 좋았을 것인데
조은 거 좋은 것
존땅 좋은 땅
존말 좋은 말
졸갑시롭다 차분하지 못하고 나대다, 야단스럽다
졸경이질 고문
좁으장하다 좁고 작다
종당에 결국에
죄기대다 조여들다, 명령을 내리다
죄스럽다 죄송하다
죙히 조용히
주딩이 입
주정없다 주제넘다
줄창 줄곧
쥐뜯다 쥐어뜯다
즈그 자기
지낭게 지나니까
지달리다 기다리다
지드랗다 기다랗다
지라껄 별것 아닌 것
지랄 용천을 허다 못된 짓을 하다
지맛대로 제멋대로
지비 당신, 그대
지서리 짓, 짓거리
지스락물 낙숫물
지시다 계시다
지저구리다 지껄이며 알리다
지지리 아주 몹시, 지긋지긋하게
지청구 꾸중

지팡맹이 지팡이
짚다 깊다
진창만창 엉망진창
질 길
질가상 길가 위
질루 제일
질분질분 집적집적하다
짓볿다 짓밟다
징상스럽다 고약하다, 징그럽다
짜구나다 배가 터질만큼 많이 먹다
짜그러지다 찌그러지다
짜박끼리고 댕기다 서투르게 걸어다니는 모양
짜울어지다 넘어가다
짜웃짜웃 갸웃갸웃
짠하다 가엾게 여기다, 가엾다, 불쌍하다, 가련하다
짤룹다 짧다
짬매다 묶고 엮다
째깐 잠시, 조금
째이게 보기 좋게, 정성을 담아서
쪼깨 조금
쪼사불다 조져대다
쪼시락하다 하찮다
쬐꼬만 작은
찌그럭지 찌꺼기
찌스러기 부스러기
찌웃찌웃대다 기웃기웃하다
찐하다 진짜, 진한
찝어때대다 꼬집으면서 격렬히 싸우다

찝어싸다 꼬집고 괴롭히다

ㅊ

찻독 쌀독

책 흠, 잘못

천디기 천덕꾸러기

천상세계 하늘(종교적 얘기에서 쓰는 말)

첫찌 첫째

초랭이 방정 오두방정

춤 침

ㅋ

콰간 확(겁박하는 소리)

ㅌ

타개다 닮다

태죽 흔적, 자취, 내력

터럭 털

턱주구리 턱주가리, 아래턱

턱주댕이 턱을 내민 교만한 자

텔싹 높고 큰 형태

툭탁거리다 다투다

틈시로 헤쳐 열어서

ㅍ

팬 편

포도시 간신히

폴새 벌써, 이미

폴다 팔다

폴아묵다 팔아먹다

핑야 내나, 결국(=펭야)

ㅎ

하먼 '그렇다'는 호응

하뿍 가득, 많이

하이튼간에 하여튼

한테기 한번, 하나

한시잠시 잠시 동안

한핀짝 광야, 외곽, 변두리

함사 하면

함시롱 하면서

합자꿍 힘을 모아 함께

항꾸네 함께, 같이, 더불어

해름참 해거름

해싸도 해대도

허른 낡은

허버 아주

허벌나다 엄청나다

허새비 허수아비, 빈 존재

헉심 훨씬 더, 충분히

헐래 하이고, 숨을 몰아쉬는 소리

험서 하면서, 그러면서

호리낭창 호리호리 날씬하다

혹석을 떠심서 수선을 피우듯 큰 목소리로

혼꾸녁 혼구멍, 혼

홀짜꿍하다 좋다고 하다, 맞장구치다

홀찬하다 상당하다

홍어 거시기만하다 아주 작다는 전라도 특유의 비유말

후재 나중, 훗날

흐떡거리다 헐떡거리다

흐옇다 하얗다

흐칸 흰

히놀놀하다 핼쑥하다, 핏기가 없고 파리하다

히딱히딱 변덕을 부리며 몸을 뒤트는 모양

힘알탱이 힘